一带

The Belt and Road

一路

中国土木工程学会
中国建筑业协会　联合策划
中国施工企业管理协会

"一带一路"上的中国建造丛书
China-built Projects along the Belt and Road

The Road of Model：
The KLM Motorway in Pakistan

任少强　主编

典范之路
——巴基斯坦卡·拉高速公路

中国建筑工业出版社

专家委员会

丁烈云　卢春房　刘加平　杜修力　杜彦良　肖绪文　张宗亮
张喜刚　陈湘生　林　鸣　林元培　岳清瑞　聂建国　徐　建

丛书编委会

主　任：易　军　齐　骥　曹玉书

副主任：尚春明　吴慧娟　尚润涛　毛志兵　咸大庆

总主编：毛志兵

委　员：（按姓氏笔画排序）

王东宇　任少强　刘　辉　刘明生　孙晓波　李　菲
李　明　李伟仪　李明安　李景芳　李秋丹　杨汉国
杨健康　张　奇　张　琨　张友森　张思才　陈湘球
金德伟　宗敦峰　孟凡超　哈小平　洪开荣　高延伟
唐桥梁　韩　磊　韩建强　景　万　程　莹　雷升祥
蔡庆军　樊金田

丛书编委会办公室

组　长：赵福明

副组长：李　慧　刘　蕾　薛晶晶　赵　琳

成　员：王　立　安凤杰　单彩杰　刘　云　杨均英　李学梅
韩　鞠

本书编委会

主　编：任少强

副主编：崔　旭　　张俊波　　赵朝阳

参　编：宋占璞　　赵朝阳　　杨铁晖　　朱军军　　汪　涯　　何光华

　　　　彭君俊　　乔　飞　　高　博　　薛　超　　冯时松　　李曙光

　　　　宋方方　　左海良　　陈国新　　张　震　李　振

前　言

"一带一路"倡议的提出和建设的推进是中国推动"走出去"战略的重大举措，党对"要培养一批具有国际竞争力的一流企业"提出了更高希望和要求。中铁二十局集团有限公司积极投身"一带一路"建设，坚定响应国家"走出去"战略，发扬铁道兵"逢山开路、遇水搭桥"的精神，海外经营不断拓展，为沿线国家的建设做出了贡献，为祖国的发展争得了荣誉，同时取得了良好的社会效益和经济效益，赢得了广泛的信誉和声誉。

中铁二十局集团有限公司于2003年签订了第一个海外项目合同一中国援助非洲尼日尔"津德尔市供水项目"，从此开启了进军海外建筑市场的征程；2004年开始承建了中国企业21世纪海外一次性建成的最长铁路——全长1344km的安哥拉本格拉铁路及全长499km的罗安达铁路，自此CR20G进入海外经营昂首奋进的时代，至今先后承揽海外工程70多项，特别是2016年1月29日，中标巴基斯坦卡·拉高速Ⅲ标项目，总投资93.76亿元人民币，是CR20G在海外建设规模最大的高速公路工程。截至目前，CR20G在"一带一路"沿线20个国家和地区开展业务，累计海外合同额超过100亿美元，"CR20G"的品牌影响力在国际市场不断延伸和扩大。

2020年，中铁二十局以EPC（设计—采购—施工）总承包模式承建的全长230km的卡拉奇至拉合尔高速公路Ⅲ标项目，其作为由巴基斯坦政府投资规模最大、线路最长、智能化程度最高的高速公路，中铁二十局广大员工有着"抓铁有痕、踏石留印"的气魄，誓将"海外优先""品质铁建"战略进行到底、实现企业鼎盛复兴梦想的决心与意志，圆满收官。该项目先后取得多项荣誉，2020年12月获得2020年度国家优质工程奖。

《典范之路——巴基斯坦卡·拉高速公路》这本书，真实记录了中铁二十局在卡·拉高速公路Ⅲ标项目上"战天斗地"的过程，旨在为"一带一路"讴歌，旨在为"构建人类命运共同体"助力，旨在为中国企业"走出去"注解，旨在为默默奉献的海外将士留名。中国铁建及集团总部领导多次到项目检查指导，充分肯定了项目建设成果。

本书从策划到实施再到最终定稿，历经一年半时间，搜集整理了大量项目管理文件、技术资料、施工记录、会议纪要等文献，其间多次改稿，反复校对，用十二个章节，对卡·拉高速公路Ⅲ标从招标投标、项目进场、到项目建设及运营维护等整个建设过程进行了全方位展示，让读者能直观感受到从拓展海外市场经营发展，EPC（设计—采购—施工）总承包模式的项目设计优化、工程施工组织，施工部署、施工关键技术开发与运用、运营维护等管理，总结了项目实施中工程进度计划管理、成本管理、人力资源管理、工程物资管理、设备管理以及质量、安全、环保及社会治安管理（及防恐）等方面的经营成果，特别是总结了项目管理在政治风险、经济风险、设计优化、法律风险、税务风险、外汇管理风险、安全风险和人文风险等风险控制与防范的经验，是不可或缺的宝贵财富。同时本书也展示了中国企业"走出去"的艰辛与荣耀，展现着中铁二十局广大员工抓铁有痕、踏石留印的气魄，誓将"海外优先""品质铁建"战略进行到底、实现企业鼎盛复兴梦想的决心与意志。

本书内容来自一线、扎根现场，总结海外生产经营和项目管理经验，项目实施过程中的相关成果分析总结、提炼升华、举一反三，为中铁二十局海外事业进一步壮大发展，提供参考指南，帮助企业不仅要"走出去"，而且要"走得好""走得稳"，对企业今后海外项目管理起到很好的借鉴作用。海外工程项目管理人员从理论到实践，再从实践到理论，不断绽放出思想的火花，汇集成远见卓识，引导中铁二十局不断走向辉煌。

中铁二十局集团有限公司仔细研判国际国内政治经济形势，自觉践行"一带一路"倡议，坚决落实中国铁建"海外优先"发展战略，努力培育优秀人才、整合资源、优惠政策给海外市场，为建设国内一流的国际化产业集团提供更多的经验与智慧。

本书由中铁二十局集团有限公司董事长、党委书记雷位冰、总经理文珂策划，任少强、崔旭、张俊波等组织编撰，赵朝阳统稿。其中：第一篇《综述》由何光华、赵朝阳撰写；第二篇《项目建设》所含七章内容由杨铁晖、汪涯、宋占璞、彭君俊、朱军军、乔飞、张震、宋方方、赵朝阳、左海良、陈国新、李曙光、高博、薛超、冯时松、李振等撰写；第三篇《合作与展望》由崔旭、赵朝阳撰写。集团公司总部何毓轩、汪发安、田德昌、谢江胜、付杨果、加武荣、袁战会、何进、宋荣军、王琳瑛、杨振利、石弘杨、朱红桃、张军霞、张会民、宁艳丽、陈辉、李克占、赵飞鹏、原卡·拉高速项目总工程师李洁勇等对文稿进行审稿并提出修改建议。成稿之时，感谢中国施工企业管理协会、中国建筑工业出版社、中交第一公路勘察设计院，中铁二十局各业务部门、中铁二十局巴基斯坦公司、卡·拉高速项目部对本书编写的支持，感谢提供总结资料的编写人员和总部业务部门审稿人员。

在本书编写过程中，参与编写人员大部分已奔赴其他海内外工程项目担任重要岗位，在百忙之中回忆、查阅、整理、提炼、总结文稿资料，因时间仓促，没有一一列出，不妥之处，敬请谅解；因编者水平有限，书中难免有不足之处及纰漏之处，恳请专家和读者批评指正。

Preface

The introduction and construction of the Belt and Road Initiative is a major initiative to promote China's "going global" strategy, and the 19th CPC National Congress has raised higher hopes and requirements for "cultivating a group of first-class enterprises with international competitiveness". By actively participating in the construction of the Belt and Road and firmly responding to the national strategy of "going global", CR20G has carried forward the spirit of "cutting a way through when confronted by mountains and building bridges when confronted by streams" of the railway soldiers and continuously expanded its overseas operations, making contributions to the construction of countries along the route and winning the honor for the development of the motherland, as well as achieving good social and economic benefits and winning wide credibility and reputation.

CR20G signed its first overseas project contract in 2003 - China's assistance to the "Water Supply Project of Zinder City" in Niger, Africa, which started its journey to enter the overseas construction market. In 2004, CR20G started the construction of the Angola Benguela Railway with a total length of 1,344 km and the Luanda Railway with a total length of 499 km, which are the longest overseas railroads built by Chinese enterprises at one time in this century, since then CR20G has entered the era of overseas operation and has contracted more than 70 overseas projects. In particular, on January 29, 2016, it won the bid for the III project of Pakistan KLM with a total investment of CNY 9.376 billion, which is the largest highway project of CR20G in overseas construction. Up to now, CR20G has conducted business in 20 countries and regions along the Belt and Road, with a cumulative overseas contract value of over USD 10 billion, and the brand influence of "CR20G" has been extended and expanded in the international market.

In 2020, with the determination and will to carry out the strategy of "Overseas Priority" and "Quality CRCC" to the end and realize the dream of enterprise rejuvenation, CR20G's 230-kilometer Karachi–Lahore Motorway III project, which was constructed under the EPC (Design-Purchase-Construction) mode, was successfully completed as the largest, longest and most intelligent highway invested by the Pakistani government. The project has achieved many honors and won the 2020 National Quality Engineering Award in December 2020.

The book is a true record of CR20G's heroic battle on the KLM III project, aiming to eulogize the Belt and Road Initiative, to help "build a human community with a shared future", to give explanatory notes of the "going global" of Chinese enterprises, and to honor the overseas staff who have been silently dedicated. Leaders from CRCC and the group headquarters visited the project for inspection and guidance many times, and fully affirmed the construction achievements of the project.

From planning to implementation and finalization, this book has 120,000 Chinese characters in total. After one year and a half, a large number of project management documents, technical data, construction records, meeting minutes and other documents were collected and sorted. It has been revised and proofread for many times, and demonstrated the whole construction process of section III of the Karachi-Lahore motorway from bidding, project mobilization, construction and operation maintenance in 12 chapters. The readers can intuitively feel the project design optimization, project construction organization, construction deployment, development and application of key construction technologies, operation and maintenance and other management of EPC (design-procurement-construction) general contracting mode from the expansion of overseas market operation and development, and summarized operation results of the project schedule management, cost management, human resource management, project material management, equipment management in the implementation, as well as the quality, safety, environmental protection and social security management (and anti-terrorism), especially the experience communication of project management in the control and prevention of political risk, economic risk, design optimization, legal risk, tax risk, foreign exchange management risk, security risk and human risk, which is indispensable precious. At the same time, the hardship and glory of Chinese enterprises development in foreign countries were demonstrated in this book, as well as the courage of the employees of CR20G to exploit bravely in new development and to implement the strategy of "priority in overseas development" and "high-quality railway construction" and realize the dream of enterprise prosperity and rejuvenation.

The contents of this book came from the front line and the site, and summarized the experience in overseas production, operation and project management. It analyzed and summarized the relevant achievements in the implementation of the project, with refining and upgrading, and drew inferences from one instance. It acted as a reference guideline for the further expansion and development of the overseas business of CR20G, and helped the enterprise not only "develop globally", but also "develop rapidly" and "stably", playing a reference role for the overseas project management of enterprises in the future. From theory to practice, and then from practice to theory, the overseas project management continuously contributed ideas, generated correct and penetrating views, and guided China Railway 20th Bureau to achieve brilliant success.

CR20G Group Co., Ltd. will carefully study and judge the international and domestic economic situation, consciously implement the "the Belt and Road" initiative, implement the "overseas priority" development strategy of China railway construction, and make efforts to cultivate excellent talents, integrate resources and provide preferential policies to overseas markets, offering more experience and wisdom for building a top international industrial group in China.

This book was planned by Lei Weibing, Chairman and Secretary of the Party committee of CR20G Group Co., Ltd., and Wen Ke, GM, compiled by Ren Shaoqiang, Cui Xu, Zhang Junbo, etc. and edited by Zhao Chaoyang. Volume 1 General Overview was written by He Guanghua and Zhao Chaoyang; 7 chapters of Volume 2 Project Construction were written by Yang Tiehui, Wang Ya, Song Zhanpu, Peng Junjun, Zhu Junjun, Qiao Fei, Zhang Zhen, Song Fangfang, Zhao Chaoyang, Zuo Hailiang, Chen Guoxin, Li Shuguang, Gao Bo, Xue Chao, Feng Shisong, Li Zhen, and Volume 3 Cooperation and Outlook was written by Cui Xu and Zhao Chaoyang; He Yuxuan, Wang Faan, Tian Dechang, Xie Jiangsheng, Fu Yangguo, Jia Wurong, Yuan Zhanhui, He Jin, Song Rongjun, Wang Linying, Yang Zhenli, Shi Hongyang, Zhu Hongtao, Zhang Junxia, Zhang Huimin, Ning Yanli, Chen Hui, Li Kezhan, Zhao Feipeng of Group headquarters, and Li Jieyong (former chief engineer of Karachi-Lahore motorway project), reviewed the manuscript and proposed suggestions for revision. When completing, we would like to appreciate China Construction Enterprise Management Association, China Construction Industry Press, CCCC First Highway Survey and Design Institute, all business departments of CR20G, Pakistan Company of CR20G, and the project department of the Karachi-Lahore motorway for their support in preparation. Thanks for the editors who provided summary materials and the reviewers of the business departments of the headquarters.

Most of the participants have taken important posts in other domestic and foreign engineering projects when preparing this book. They recalled, consulted, sorted out, refined and summarized the manuscripts in their busy schedule. They only list partial contents due to the tight schedule. Please understand the inadequacies; there may be some deficiencies and mistakes in the book due to the limited competency of editors. We welcome the criticism and correction of the experts and readers.

目 录

第一篇　综述

第一章　项目简介　024
第二章　国家概况　025
第三章　项目意义　027

第二篇　项目建设

第四章　工程概况　034
第一节　工程建设组织模式　034
第二节　参建单位情况　034
第三节　设计概况　035
第四节　当地生产资源概况　039
第五节　施工场地、周围环境、水文地质等概况　047
第六节　工程建设主要内容　048
第七节　工程项目特点、重点与难点分析　057
第五章　施工部署　059
第一节　目标管理　059
第二节　管理机构、体系　060
第三节　施工工期、顺序、流水段划分　063
第四节　管理风险分析及对策　065
第五节　施工准备　067
第六节　组织协调　073
第六章　主要管理措施　075
第一节　工程进度计划管理　075
第二节　工程商务管理　076
第三节　人力资源管理　080
第四节　工程物资管理　082
第五节　工程设备管理　090
第六节　工程质量管理　095
第七节　工程安全管理　101
第八节　环境保护管理　103
第九节　社会治安管理　106
第七章　关键技术　112
第一节　设计关键技术　112
第二节　施工关键技术　118

第八章 维护 152

第一节 概述 152

第二节 维护管理体系与维护计划 155

第三节 维护方案及安全维护措施 157

第九章 成果总结 166

第一节 管理成果 166

第二节 技术成果 180

第十章 经验总结 187

第一节 设计方面经验总结 187

第二节 法律风险与防范经验总结 189

第三节 税务风险防范 193

第四节 外汇管理风险防范 197

第五节 经济风险与防范 199

第六节 安全风险与防范 201

第七节 政治风险防范总结 202

第八节 人文风险与防范 203

第三篇 合作与展望

第十一章 合作 210

第一节 领导关怀 210

第二节 当地社会反馈 211

第三节 项目获奖展示 211

第十二章 展望 213

第一节 从"三分天下"到"平分秋色" 213

第二节 巴铁有田待深耕 213

第三节 伟大远景 214

Contents

Part I   General Overview

Chapter 1   Project introduction 024
Chapter 2   Country Profile 025
Chapter 3   Project Meaning 027

Part II   Project Construction

Chapter 4   Engineering Situation 034
Section 1   Construction Organization Model 034
Section 2   Participating Parties 034
Section 3   General Design 035
Section 4   Local Production Resources 039
Section 5   Site Environments and Hydrogeology 047
Section 6   Major Construction Tasks 048
Section 7   Characteristics, Important and Difficult Points 057
Chapter 5   Construction Deployment 059
Section 1   Objectives Management 059
Section 2   Management Organization and System 060
Section 3   Construction Period, Sequence and Flow Section 063
Section 4   Management Risk Analysis and Countermeasures 065
Section 5   Construction Preparation 067
Section 6   Organization And Coordination 073
Chapter 6   Main Management Measures 075
Section 1   Project Schedule Management 075
Section 2   Project Business Management 076
Section 3   Human Resource Management 080
Section 4   Engineering Materials Management 082
Section 5   Engineering Equipment Management 090
Section 6   Engineering Quality Management 095
Section 7   Engineering Safety Management 101
Section 8   Environmental Protection Management 103
Section 9   Security Administration 106
Chapter 7   Key Technologies 112
Section 1   Design Key Technology 112
Section 2   Construction Key Technologies 118

Chapter 8   Maintenance   152

Section 1   Overview   152

Section 2   Maintenance Management System and Maintenance Plan   155

Section 3   Maintenance Scheme and Security Maintenance Measures   157

Chapter 9   Achievements   166

Section 1   Management Achievements   166

Section 2   Technical Achievements   180

Chapter 10   Experience   187

Section 1   Design Experience   187

Section 2   Legal Risk and Prevention Experience   189

Section 3   Tax Risk Prevention   193

Section 4   Exchange Management Risk and Prevention   197

Section 5   Economic Risks and Prevention   199

Section 6   Safety Risk and Prevention   201

Section 7   Political Risk and Prevention   202

Section 8   Human Risk and Prevention   203

Part III   Cooperation and Prospects

Chapter 11   Cooperation   210

Section 1   Leaders Care   210

Section 2   Local Social Feedback   211

Section 3   Project Award Presentation   211

Chapter 12   Outlook   213

Section 1   "Three parts of the world" to "Equal color"   213

Section 2   Deep Ploughing Awaited In " Batie " Pakistan   213

Section 3   Great Vision   214

第一篇

综　述

（摘要）卡·拉高速Ⅲ标的建设，是中巴经济走廊的重要部分，是高质量共建"一带一路"的示范工程。本篇介绍了卡·拉高速所处的巴基斯坦国家地理环境、经济环境、社会文化环境等基本情况，指出了该项目建设对促进巴基斯坦经济发展、承载中国"一带一路"经济意义，项目总投资额近百亿元，是CR20G在海外建设规模最大的高速公路工程，是CR20G拓展海外工程经营的一个里程碑工程。

(Abstract) As an important part of the China-Pakistan Economic Corridor, the construction of section III of the Karachi-Lahore motorway is a demonstration project of high-quality joint construction of the "the Belt and Road". The basic conditions of Pakistan national geographic environment, economic environment, social and cultural environment where the Karachi-Lahore motorway is located are introduced in this chapter, indicating that the project construction is of great significance to promoting Pakistan economic development, with the economic meaning of "the Belt and Road" in China. The investment in the project is nearly 10 billion Yuan in total. It is the largest motorway project constructed by CR20G overseas and a milestone for CR20G to expand its overseas project management.

Part I

General Overview

第一章 项目简介
Chapter 1 Project Introduction

　　巴基斯坦卡拉奇—拉合尔高速公路（KLM）（阿卜杜哈基姆—拉合尔段）位于旁遮普省，是亚洲公路4号线的重要组成部分；连接巴基斯坦旁遮普省省府拉合尔与东部纺织工业中心城市木尔坦，是巴基斯坦国家南北干线公路网的主骨架，也是巴基斯坦的交通纽带，作为中巴经济走廊建设的3个旗舰项目之一，卡拉高速的建成将成为连接中国和中亚国家通往卡拉奇和瓜达尔港的交通干线。

　　中铁二十局集团有限公司以EPC（设计—采购—施工）总承包模式承建"中巴经济走廊"旗舰项目——卡拉奇至拉合尔高速公路Ⅲ标项目。项目起点位于巴基斯坦阿卜杜哈基姆镇附近规划的M4高速公路，向东北延伸至巴基斯坦第二大城市拉合尔，在拉合尔城市北部拉维河收费站以北2.2km处汇入既有M2高速，路线全长229.950km。主要工程内容包括全线道路工程、桥涵工程、排水工程、交通安全设施、智能交通系统、电力、照明、环境绿化工程与沿线服务设施。

　　项目采用美国标准体系，主要有美国国有公路运输协会标准（AASHTO）、美国混凝土学会标准（ACI）、美国土木工程师协会标准（ASTM）、巴基斯坦标准以及质量控制管理局规定（PSQCA）、统一建筑规范（UBC）。

　　项目主线为双向六车道高速公路，路基宽度31.5m，设计速度120km/h。全线桥梁均采用简支预应力混凝土T梁结构，荷载等级采用《西巴基斯坦道路规范》规定荷载。全线共设置8处互通式立交，3处服务区，3处休息区。

　　项目总工期30个月，项目合同总额1486.54亿巴基斯坦卢比，约合人民币93.76亿元。资金来源为巴基斯坦政府投资，是中铁二十局集团有限公司乃至中国铁建近年来中标的最大海外公路项目之一，也是巴基斯坦政府投资规模最大、线路最长、智能化程度最高的高速公路。卡·拉高速公路建成后，将连通巴基斯坦首都伊斯兰堡与南部最大港口城市卡拉奇，是贯通巴基斯坦南北的"大动脉"，对我国"一带一路"中巴经济走廊连接中国和中亚国家通往卡拉奇和瓜达尔港发挥重要作用。它将辐射地区近亿人口，促进旁遮普省及周边地区物资流通和人员流动，对区域经济发展和社会稳定具有深远影响。

第二章　国家概况

Chapter 2　Country Profile

巴基斯坦伊斯兰共和国（Islamic Republic of Pakistan），简称巴基斯坦。

一、地理环境

巴基斯坦伊斯兰共和国位于南亚次大陆西北部，东接印度，东北与中国毗邻，西北与阿富汗交界，西邻伊朗，南濒阿拉伯海。除南部属热带气候外，其余属亚热带气候，南部湿热，受季风影响，雨季较长；北部地区干燥寒冷，有的地方终年积雪；年平均气温27℃。首都为伊斯兰堡。

巴基斯坦全境五分之三为山区和丘陵，南部沿海一带有沙漠分布，向北伸展则是连绵的高原牧场和肥田沃土。喜马拉雅山、喀喇昆仑山和兴都库什山这三条世界上有名的大山脉在巴基斯坦西北部汇聚，形成了奇特的景观。源自中国的印度河进入巴境后，自北向南，长驱2300km，最后注入阿拉伯海。

二、经济环境

巴基斯坦拥有多元化的经济体系，是世界第25大经济体。以农业为主，农业产值占国内生产总值19%，工业基础相对薄弱。巴基斯坦国内客货运输以公路为主，公路客运占客运总量的90%，公路货运占货运总量的96%。

中巴经贸合作发展良好，两国在20世纪50年代初建立起贸易关系。据巴方统计，中国连续五年保持巴基斯坦第一大贸易伙伴，连续六年保持巴外国直接投资最大来源国。巴基斯坦是中国在南亚地区最大投资目的地。

中国对巴基斯坦的出口商品日趋多样化，主要出口商品为机电、锅炉、机械设备、钢铁及其制品、化学纤维、有机化学品、塑料制品等，机电产品所占比重逐年增加，但中国自巴基斯坦进口的商品种类变化不大，仍以原材料等初级产品为主。

三、建设行业简介

巴基斯坦是一个发展中国家，建筑业是国民经济的重要组成部分，与其他行业有多方面的联系。建筑业对社会经济发展和就业做出了重大贡献，目前建筑业增长相对强劲。如今，建筑业是巴基斯坦经济中仅次于农业的第二大产业，约有30%～35%的就业直接或间接与建筑业有关。因此，巴基斯坦的建筑业在提供就业和促进经济复苏方面发挥了重要作用。

巴基斯坦的政府通过规划大规模的基础设施扩建来回应这一需求。联邦中期发展框架（MTDF）拨款21620亿卢比（360亿美元）用于大型基础设施的发展，升级公路、铁路、航空、电力、供水和灌溉等基础设施。其中9930亿卢比（163亿美元）将通过公共部门发展计划（PSDP）获得。MTDF设想将基础设施PSDP从平均每年1500亿卢比增加到每年4400亿卢比，还有其他新兴的基础设施项目需要应对快速发展的经济，但没有完全包括在MTDF中。这些项目包括国家贸易走廊改善方案（NTCIP）、大型水库（卡拉巴格、迪亚梅、巴沙）的建设、主要水坝的修复、清洁饮用水的供应、卫生设施、并向所有国家和新的伊斯兰堡机场项目提供电力（仅这一项目就需要在MTDF之上进行大量投资）。此外，面对快速城市化，各省政府、区和镇/市也已着手改善基础设施。

第三章 项目意义
Chapter 3 Project Meaning

巴基斯坦卡拉奇至拉合尔高速公路（KLM）（阿卜杜哈基姆–拉合尔段）位于旁遮普省，是亚洲公路四号线的重要组成部分，连接巴基斯坦旁遮普省省府拉合尔与东部纺织工业中心城市木尔坦，是巴基斯坦国家南北干线公路网的主骨架，也是巴基斯坦的交通纽带。作为中巴经济走廊建设的三个旗舰项目之一，卡·拉高速的建成成为连接中国和中亚国家通往卡拉奇和瓜达尔港的交通干线。

一、典范之路再续中巴友谊

中巴关系坚如磐石，中巴友谊历久弥新。1956年12月，周恩来总理首次访巴基斯坦，巴方在达卡运动场举行了独立以来最大的一次聚会，占全城人口三分之一的20万人欢迎中国领导人史无前例。

2008年5月14日，四川汶川大地震发生两天后，时任巴基斯坦总统亲自到中国驻巴基斯坦大使馆亲切慰问。在汶川地震灾后救援之时，巴基斯坦是唯一"动用全国全部的运输机""搬光全国战略储备的帐篷"倾囊援助中国灾区的国家。

承上启下，继往开来，新时代"巴铁"的故事在中铁二十局建设卡·拉高速公路工程时，让"中国声音""中国形象""中国技术""中国标准"在中巴两国和人民之间广为传颂着。

70多年来，从铁道兵第十师到中铁二十局的历史变迁，中铁二十局人始终保持着人民军队"艰苦奋斗、勇于拼搏"的英雄本色。

70多年来，从青藏铁路的高寒、成昆铁路的艰险、安哥拉本格拉铁路的曲折到莫桑比克纳卡拉走廊铁路项目的磨合，中铁二十局人始终传承着"逢山开路、遇水架桥"的铁道兵精神，从中国走向世界，以造福人类、贡献社会的初心诠释着中央企业的担当。

二、披荆斩棘，险中求胜

2014年4月中旬，古城西安，春意盎然。陕西省人民政府牵头召开的国企"走出去"战略座谈会正在举行，在陕中央企业和省属企业代表汇聚一堂，献计献策，现场气氛十分热烈。此时"中铁二十局在海外的CR20G"不仅入选了中国铁建十大品牌榜，而且海外业务位居中国铁建工程局前列，企业在基建领域的实力过硬，影响深远。在过去的15年里，CR20G从尼日尔到安哥拉，从蒙古国到莫桑比克，先后承揽海外工程20多项，合同总额超过50亿美元，所有海外工程无一亏损，产生了越来越大的国际影响力，积累了丰富的国际工程管理经验。陕西省商务厅原厅长、时任陕西海外投资发展股份有限公司董事长李雪梅在和时任中铁二十局集团副总经理李令选会谈时，认为中铁二十局有能力承担该项目的建设，提供了巴基斯坦卡·拉高速公路建设信息，巴方正在进行国际招标考察阶段，如果中铁二十局愿意承建，将协调陕西省商务厅来协助对接，力促修成正果。

巴基斯坦这条高速公路建设项目若能成功实施，就陕西省对外经济而言无疑是一个重大成果，对于提升陕西的外向型经济发展具有里程碑意义。

在陕西国际经济促进会的力荐下，巴基斯坦方面的业主代表来到陕西考察，第一站就对中铁二十局进行调研、考察和并深入会谈。当时，巴方已经收到了10多个国家的施工企业发来的竞标意向，其中还有巴基斯坦的本土公司，竞争十分激烈。

此时的中铁二十局在海外虽然已经干过很多大工程，不仅积累了丰富的海外工程实战经验，而且取得了良好的国际口碑。但面对巴基斯坦卡·拉高速项目，230km的高速公路无论在国际上还是在国内都属于"超级工程"，需要投入巨大的人力、物力和财力。尤其是卡·拉高速公路作为中巴经济走廊的项目，其政治意义和国际影响力不言而喻，不能简单地从企业自身的利益考虑，必须站在国家大局上审时度势。"没有海外事业发展、就没有二十局兴盛美好的未来"早已成为中铁二十局的共识。集团公司高层经缜密研究，果断决定：集全局之力，精心筹划，追踪项目，科学投标，一定要拿下这个大项目！随即调集中铁二十局内部各类专家，成立了设计代表组、商务合同组、技术方案组、投标报价组、外部联络组等5个小组，齐头并进，各负其责，事不过夜，有条不紊地全面开展竞标前工作。2014年9月至2015年6月，先后9次派人前往巴基斯坦，拜会巴基斯坦当地政府，交通部门官员，走访当地中资企业，咨询和探究项目施工的可行性方案，并多次到中国驻巴基斯坦大使馆，与大使孙卫东和经济商务参赞李少彤互动交流，征求指导性意见。

2016年1月29日，中铁二十局采用"强强联合"——选择巴基斯坦第三大建筑商ZKB公司组成总包联合体，选择公路设计王牌企业——中国中交一公院和巴基斯坦Zeeruk设计公司组成设计联合体；以及大胆创新优化设计，在确保满足技术要求下，充分优化设计，用总重量达178公斤的完美标书和数据详实、科学有据的技术标辩论和较低的报价，取得了英国专家评委的认可。签订了首个百亿订单——巴基斯坦卡·拉高速工程Ⅲ标项目。

三、"一带一路"的重要先行

中巴经济走廊不仅是经济、是民生，更是浓得化不开的中国情，被誉为巴基斯坦国家发展的重要里程碑。

卡·拉高速项目是中巴经济走廊的重要组成部分，这条高速公路南起巴基斯坦第一大城市卡拉奇，北到巴基斯坦第二大城市拉合尔，全长1152km。穿越巴基斯坦人口最多，经济最为发达的旁遮普省。连接中国和中亚国家通往卡拉奇和瓜达尔港的主要交通干线，有助于进一步加强中巴两国友谊，促进发展两国全天候战略伙伴关系；进一步拓展中国与巴基斯坦双边贸易结构和规模、为中国边境地区带来发展机遇。

曾有学者说，卡·拉高速公路作为巴基斯坦国内的一条重要民生路，它开辟的不仅仅是一条交通要道，更是一条和平之路、繁荣之路、开放之路。必将带动区域经济朝着更加开放、包容、共赢的方向发展。

作为贯通巴基斯坦南北的"大动脉"，卡·拉高速公路的修建将辐射地区近亿人口。不仅对于巴基斯坦国内的交通具有极大的促进作用，而且对于提升南亚、西亚和中东等地区"一带一路"沿线国家的互联互通也具有重要意义。

旁遮普（Punjab）得名于乌尔都语"Panj Nad"，意为"五河之地"。卡·拉高速公路Ⅲ标项目全长230km，经过旁遮普省的杰兰瓦拉、南卡拉、谢胡布尔、森蒙德利等5市7镇。它是巴基斯坦最富有、土地最肥沃、也是人口最多的省。在卡·拉高速公路Ⅲ标项目建设期间，上至巴基斯坦国家总理、政府部长，下至项目沿线经过的杰兰瓦拉、南卡拉、谢胡布尔、森蒙德利等市（区）政府行政长官，以及沿线村镇居民，都给予了大力支持和帮助。

在很多巴基斯坦人看来，中铁二十局来此修建高速公路，是落实中巴两国领导人的约定，是中巴友谊的历史延伸，它将更先进的施工技术、施工理念带到巴基斯坦，是传承友谊的使者，也是造福当地群众的"财神"。同时也为沿线居民创造了大量的就业机会，缓解了当地社会就业压力，同时培养了大量的工程技术人才和熟练技术工人，带动了区域经济社会发展。

四、大国风范、央企担当

中铁二十局在用实际行动彰显了中资企业的担当，筑起中巴两国民心相通之路。项目建设策划阶段，充分考虑永临结合，施工便道、营区、临时设施建设充分考虑当地民生需求，据不完全统计，卡·拉高速公路Ⅲ标自项目开工以来，为沿线地区修建柏油便道公路97km。既满足了建设需要，也方便了当地百姓出行。在实施"路地共建"活动中，修建学校操场3个，村庄便道约30km，切实改善当地基础设施，提升居民生活水平。项目建成后各个工区的驻地营房，包括各种设施都完整的捐赠给当地政府和学校。2018年12月，项目部一处驻地已经被当地政府改造成学校，数百名学生搬进了新校舍，享受到良好的学习环境。

授人以鱼不如授人以渔，教会当地人一技之长，让当地人能够更好地生活，中铁二十局秉承共商、共建、共享，推进构建人类命运共同体的发展理念，推行"属地化管理"模式，努力融入当地、扎根当地，最大限度利用当地资源，400多名中方管理人员与8000余名巴基斯坦员工通力合作，中方人员率先垂范、以身作则，为当地青年人提供了学习的榜样和成长的机会，造福当地社会，创造了近万个工作岗位，培养了数千名技术工人，实现企业与当地双赢。

五、中国品牌之魅力

多年来，中铁二十局逐梦海外、精耕细作，不仅建成了一大批优质重点工程和民生工程，用优质工程获得广泛赞誉，还为当地带去了中国技术，树立了行业标准和规范。卡·拉高速公路Ⅲ标项目的建成通车，不但再次让中铁二十局声名远播、蜚声海外，也充分展示了"中国品牌"的国际魅力。

（一）中国速度

与中铁二十局组成联合体的巴基斯坦查希尔汗兄弟公司（ZKB）副总经理奇马在接受记者采访时说："我们与中企开展合作，受益颇多。尤其是在大型道路基建工程的施工技术方面学到很多知识。"

奇马表示，"一带一路"倡议和中巴经济走廊的提出与实施，充分体现了中国的大智慧，表明中国致力于同世界各国共享发展成就，为地区创造互利共赢的合作平台，有利于推动区域各国化解分歧、携手合作，有助于维护世界的和平与稳定。

中铁二十局承建的卡·拉高速公路Ⅲ标项目的完美质量，让我们感到由衷的兴奋，已成为巴基斯坦高速公路新地标。这段高速公路只用了2年多时间就建成，这是中国兄弟的伟大之处。他们以高度的责任感和先进的管理理念，不畏艰难，夜以继日施工建设。通过修建这条高速，我们之间的友谊更深了，像糖那样甜蜜。"

（二）中国质量

PMU（Project Management unit）是巴基斯坦国家公路局成立的专门监测重大项目实施情况的管理机构。PMU每两周召开一次专题会议，直接向公路局主席汇报，遇到重大事项，还可直接向总理汇报。

2017年5月20日，PMU专家组3名成员在GM（业主代表）、PD（业主项目经理）、AER（业主代表助理）及项目总工程师、安全总监等陪同下，检查了路面基层施工、已完工的车行通道和部分内业资料，并和项目参与各方进行座谈交流。随后，PMU专家组成员对项目作出了这样的评价："路面基层施工设备配套，原材料质量合格，施工工艺规范，现场质量控制良好；结构物外观质量美观；内业资料规范齐全，质量保证体系健全，运行顺畅，非常令人满意。"

（三）胜利开通

巴基斯坦当地时间2018年5月28日下午2点，巴基斯坦国家公路局在旁遮普省勒贾纳举行了卡·拉高速公路Ⅲ标项目通车仪式，闻讯赶来的当地村民载歌载舞，抒发着内心的激动喜悦之情。

活动现场，一面中华人民共和国国旗和一面巴基斯坦国旗，分别悬挂在彩门的两端，在艳阳的高照下迎风飘扬。

当天，中国各大媒体以"中国企业承建的巴基斯坦在建最长高速公路提前80天建成通车"为题，多次报道该项目。《央视新闻》客户端以滚动模式播出："当天通车的拉合尔至阿卜杜勒·哈基姆段属于卡拉奇至拉合尔交通主干道的一部分，工程建设合同总额近100亿元人民币，不仅是目前巴基斯坦政府投资建设规模最大、线路最长的项目，同时也是该国首条具有国际最先进智能交通系统的双向六车道高速公路。"

拉合尔，是巴基斯坦第二大城市，旁遮普省的省会，经济发达，轻重工业产品众多；木尔坦，也是巴基斯坦的主要大城市之一，盛产芒果等热带水果，两地之间车流量大，人员和物资往来频繁。之前，拉合尔至木尔坦之间路况差，单程行驶需用时7小时左右，而且交通事故频发，严重制约了当地的社会和经济发展。进入高速公路时代，缩短了木尔坦至拉合尔之间一半以上的行驶里程，现在仅需要3个多小时就可以畅达。沿线经济腾飞指日可待，无数百姓将走上致富之路。

第二篇

项目建设

（摘要）卡拉高速公路 Ⅲ 标全长230公里，合同工期仅30个月，体量和规模之大，施工组织面临巨大挑战。本篇从工程部署、管理措施、关键技术、运营维护、成果和经验总结等方面，详细介绍了CR20G在EPC（设计、施工、采购）工程建设组织模式的卡拉高速公路建设情况。包括工程建设施工组织模式，在应用美标技术标准的前提下积极推广了国内技术标准、设计理念和技术方法进行设计优化；根据项目当地的环境和资源情况，精心进行施工部署，分析施工管理风险、对策和组织协调，叙述了工程进度计划管理、工程商务管理、人力资源管理、工程物资管理、设备管理、质量、安全、环保及治安管理等方面的管理措施及运营维护施工管理情况。总结项目管理中的设计关键技术、施工关键技术和主要项目管理成果，包括工程进度计划管理、成本管理、人力资源管理、工程物资管理、设备管理、质量、安全、环保及社会治安管理（及反恐）等方面。交流了项目管理在设计方面经验、法律风险与防范经验、税务风险防范经验、外汇管理风险防范经验、经济风险防范经验、安全风险防范经验、政治风险防范经验和人文风险与防范等，对海外同类施工提供了宝贵的经验。

Part II

Project Construction

(Abstract) Section III of the Karachi-Lahore motorway is 230 km long, and the contract period is only 30 months. The construction organization is facing great challenges due to its large volume and scale. The construction of CR20G Karachi-Lahore motorway in EPC (design, construction and procurement) project construction organization mode in details from engineering deployment, management measures, key technologies, operation and maintenance, achievements and experience summary, including the construction organization mode of engineering construction. It actively promotes the domestic technical standards, design concepts and technical methods for design optimization on the premise of applying USA technical standards; According to the local environment and resources of the project, the construction is carefully deployed, the construction management risks, countermeasures and organization coordination are analyzed. It has specified the management measures and operation and maintenance construction management in project schedule management, project business management, human resource management, project material management, equipment management, quality, safety & environmental protection and public security management and summarized the key design technologies, key construction technologies and main project management achievements in project management, including project schedule management, cost management, human resource management, project material management, equipment management, quality, safety & environmental protection and social security management (and anti-terrorism). It communicated the project management experience in design, and risk prevention in legal, tax, foreign exchange management, economic, security, political and humanistic, providing a precious experience for similar overseas construction.

第四章 工程概况
Chapter 4 Engineering Situation

第一节 工程建设组织模式

　　卡·拉高速公路工程阿卜杜勒哈基姆–拉合尔段（KLM–Ⅲ）项目采用EPC（设计、施工、采购）工程建设组织模式。巴基斯坦国家公路局负责投资建设，由中铁二十局与巴基斯坦ZKB公司组成的联合体中标，中铁二十局为联合体牵头方。联合体将设计进行专业分包，由中交第一公路勘察设计院和巴基斯坦Zeeruk公司联合设计。项目招标、投标、施工、竣工验收、运营服务均严格执行国际菲迪克条款。项目执行巴基斯坦国家公路局1998年总体规范，标准基本引用欧美等国规范，主要为AASHTO, ASTM, AITM等。

第二节 参建单位情况

　　卡·拉高速公路Ⅲ标项目中标后，联合体双方立即组织各自单位及下属公司迅速进场，同时将部分专业工序分包给具有资质的相关单位，从项目开始到竣工验收，参建单位众多，主要参建单位如下：

　　　　工程建设单位：巴基斯坦国家公路局NHA
　　　　工程设计单位：CR20G（中铁二十局）–ZKB联合体
　　　　工程监理单位：EA–Yooshin–AGES–TLC联合体
　　　　使用单位：　巴基斯坦国家公路局
　　　　工程总包单位：CR20G（中铁二十局）–ZKB 联合体
　　　　参建单位：　中铁二十局集团第一工程有限公司
　　　　　　　　　　中铁二十局集团第二工程有限公司
　　　　　　　　　　中铁二十局集团第三工程有限公司
　　　　　　　　　　中铁二十局集团第四工程有限公司
　　　　　　　　　　中铁长安重工有限公司
　　　　　　　　　　巴基斯坦ZKB公司

第三节 设计概况

一、工程位置

项目起点位于巴基斯坦阿卜杜勒基姆镇附近规划的M4高速公路，向东北延伸至巴基斯坦第二大城市拉合尔，在拉合尔城市北部拉维河收费站以北2.2km处汇入既有M2高速，路线全长229.950km。项目工程设计内容包括全线道路工程、桥涵工程、排水工程、交通安全设施、智能交通系统、电力、照明、环境绿化工程与沿线服务设施。

二、设计标准体系

项目主线为双向六车道高速公路，路基宽度31.5m，设计速度120km/h，荷载等级采用《巴基斯坦桥梁设计规范》规定汽车荷载和军事荷载，设计洪水频率为百年一遇（1/100）。

项目采用美国标准体系，项目合同语言为英语。主要标准系列有美国国有公路运输协会标准（AASHTO）、美国混凝土学会标准（ACI）、美国土木工程师协会标准（ASTM）、巴基斯坦标准以及质量控制管理局规定（PSQCA）、统一建筑规范（UBC）等。

三、工程规模

项目路线全长229.950km，主要工程规模见表4-1。

主要工程规模   表4-1

序号	项目	单位	施工图
1	路线长度	km	229.950
2	填方/挖方	万 m³	2411.642
3	大、中桥	m/座	2684/51
4	通道	道	257
5	互通式立交	处	8
6	服务区	处	3
7	停车区	处	4

四、主要设计内容

根据勘察设计合同，勘察设计主要内容包括：总体设计、路线、路基、路面、桥涵、路线交叉、房建、交安、机电、景观等的施工图勘察设计、后续服务工作。路线设计坚持"平、纵、横"综合设计，坚持以人为本，实现工程与自然的和谐统一。

桥梁方面采用美标体系中常用的预制T梁拼接现浇板，通道采用大尺寸现浇箱涵，涵洞采用预制拼装箱涵和圆管涵，依据美标体系设计和验算。

路基方面在巴基斯坦率先按照中国标准中对公路沿线进行湿陷土地基评价及处置的方式，并将试验、评价方法、处置措施及施工工艺推广应用；采用预制空心六棱块拼装式边坡防护；有针对性地采用填砂路基。

交安方面采用中方材料，并满足美标体系，并通过外监安全性评价；机电方面，由于巴基斯坦当地缺少统一的设计参数，项目组推荐采用中方设备，既满足了设计标准，又推动了中国设备走出去。

绿化方面，融入绿色公路和交旅融合设计理念，采用15种不同的植物进行多层次、分段落展示在高速公路两侧，并同服务区、休息区相结合，使服务区成为当地休闲、旅游打卡的热门景点，带动了当地经济的发展。

五、设计理念

工程项目位于巴基斯坦的拉维河流域，该地区是巴基斯坦主要的农耕区，农耕水网发达，工程建设对当地农耕业的影响较大。为贯彻落实"创新、协调、绿色、开放、共享"的发展理念，确保修建一条生态环保、技术先进、指标均衡的农耕区高速公路，项目建设秉承了生态保护、资源节约、建养并重、技术创新的设计理念。

1. 坚持生态保护优先地位的设计理念

生态保护要求保障生态效益的优先地位，以资源环境承载力为基础来规划工程建设方案；以节约资源、提高能效、控制排放和保护环境为目标，推动工程建设的集约内涵式发展。在项目的设计过程中，坚持"最小的破坏就是最大的保护"原则，崇尚公路的全生命周期生态保护。项目充分调查了沿线耕地资源，优化合理布置线位，尽量不占用优质耕地；注重环保设计，调整取弃土场设计理念，在沿路线两侧设置分散式、小规模取土；首次在巴基斯坦高速公路设计中应用景观与绿化总体设计的理念，提供组织有序的、可持续的景观绿化设计，与项目区富饶的农业自然景观相协调；为充分利用当地填料资源，减少土方运距，降低工程造价，终点路段采用黏性土包边的填砂路基。

2. 秉承节能减排、充分利用资源的设计原则

节约资源是保护生态环境的根本之策。要节约集约利用资源，推动资源利用方式根本转变，加强全过程节约管理，大幅降低能源、水、土地消耗强度，提高利用效率和效益。在设计过程中，坚持资源节约，重点关注集约利用通道资源，严格保护土地资源，积极利用节能技术。

3. 遵循建养并重、协调发展的方针

将公路运营和维护纳入工程设计与建设一并考虑，突出全寿命，强调系统性，强化结构设计和养护设施的统一。项目建养并重充分考虑了当地的养护水平，重点关注桥梁等重要结构物的标准化施工以及便利养护措施的设置。

4. 贯彻技术创新引领设计的新理念

技术创新是指以现有思维模式提出有别于常规或常人思路的见解，是以新思维、新发明和新描述为特征的一种概化过程，技术创新是引领发展的动力。根据当地特点，因地制宜，在道路、桥梁和隧道的设计中，既有设计理念的创新，又引入了国内外的先进设计技术。

六、设计特点、存在技术或管理难点

1. 建设管理体制

项目设计、施工采用美国标准，同时符合巴基斯坦当地设计习惯，设计施工法律语言为英语，聘请的设计外部监督为巴基斯坦当地的EA工程设计公司，施工监理为韩国Yooshin公司。建设管理体制、技术标准、设计、施工流程遵循美标模式。

2. 服务的对象

在项目中设计者要面对承包商、施工队伍、业主、外部监督等多方对象。设计不是纯粹的技术问题，首先应考虑的是承包商的利益，体现利益最大化；其次要考虑的是如何满足合同的规定和外部监督及监理的要求；第三要满足工程的进度要求；第四应满足造价控制要求；第五满足工程实施便利性、快捷性的要求。

3. 文件组成

文件组成及表达形式与中国国内完全不同。

4. 文件审批流程

文件审批流程复杂繁琐。业主聘请了当地EA工程设计公司和韩国Yooshin公司组成的联合体作为设计、施工监理，在整个项目实施过程中对设计方案、图纸等进行审查。这种审批流程与国内双院制或咨询审查有着本质的区别，设计、审批、后续服务同时进

图4-1　审批流程示意图

行，保证工程质量，但给设计工作带来了很大的麻烦，需要全过程参与（图4-1）。

5. 语言

巴基斯坦官方语言为乌尔都语、英语。项目所有关于项目活动的法律语言为英语，设计交流、沟通及文字表达有一定困难。

6. 桥涵设计

采用美标体系并结合当地设计经验，设计文件内容表现形式和计算标准与国内不同，给项目组带来较大困难，同时边设计边施工，设计生产周期较长。

7. 路基路面

推广国内生产经验，例如：湿陷土地基评价方法及处置措施在巴基斯坦的首次使用；预制、拼装式路基防护结构在巴基斯坦的推广使用；突破美标及巴基斯坦公路建设填土路基边坡坡率的传统习惯；因地制宜采用填砂路基。设计过程中与外监进行多次沟通，协调审批困难较大。

8. 绿化设计

路线穿越巴基斯坦南部土地肥沃的农田区，作为巴基斯坦第一条景观高速，采用15种植物分层次分段落在高速公路两侧进行展示，同时在服务区、营地、休息区及收费站进行设置，将项目打造成交通、旅游、休闲、购物为一体的综合性交通基础设施。项目的绿化设计自2016年开始直至2019年批复，历时3年，经过多次与外监沟通，从植物种类、高矮、胸径进行控制，设计协调困难较大。

9. ITS设计

项目为实现ITS的双向6车道高速公路，路基宽度31.5m，招标文件要求采用美标体系，项目组向外监推广中国经验，说明中国标准同样可以满足需求，设计审批困难较大。

七、设计工具应用主要交付成果

卡·拉高速公路Ⅲ标项目设计过程中充分利用国内外先进的设计工具，如国际主流道路辅助设计软件：CARD/1、Bentley、Civil3、DGEOPAK Road，桥梁设计辅助设计软件 Midas Civil BIM 桥梁设计师等。

主要交付设计成果有水文报告、地质勘察报告、路基路面设计报告，桥梁设计报告，交通研究报告，环境影响评估报告，交通标志维养手册等报告以及各种施工图纸共计200多份。

第四节　当地生产资源概况

一、交通情况

1.既有公路交通情况

（1）中巴公路是连接中国和巴基斯坦的唯一公路，从中国进口物资可从新疆红旗拉甫出关。

（2）沿中巴公路、N95、N45、M1、M3、N5等公路到达施工现场。

（3）线路经过地区交通较为发达，有JARANWALA（杰兰瓦拉）一级公路、二级公路及乡村沥青路利用。

2.铁路运输情况：卡拉奇-费萨拉巴德-拉合尔的铁路可以利用。

3.港口运输情况：海上运输港口为卡拉奇，卡拉奇至拉合尔公路约1300km。

二、工程设备资源

中国工程施工设备制造商在巴基斯坦设有销售代理，能提供一定的售后服务和配件供应，但数量比较少，主要有三一重工、徐工、中联重科、海尔等企业，经营方式比较灵活，可在一定程度上解决项目施工所需。

巴基斯坦的机械租赁行业比较发达，全国各主要城市，如伊斯兰堡、拉合尔、费萨拉巴德、卡拉奇等大城市沿公路停放较多待租赁的机械设备。缺点是机械设备主要以日本和韩国的二手设备为主，新设备较少大多于1995年～2008年生产，比较陈旧，设备生产使用期限普遍在10年以上。当地人习惯使用欧美、日韩设备，当地修理厂也只会修理日韩旧设备，中国产的设备市场占用率很低，保养维护有一定的困难。租赁情况如下：

（1）机械设备租赁方式以月租为主，机械进场费用由租方负责承担，出场费用由出租方负责。租赁费用中包括机械人员工资及日常维护（不含税及燃油费用），每月工作

26天，每天8小时，累计208小时，若工作时间超出208小时，超出部分按1.5倍计算，操作司机休息4天/月（安排每周五或周日），若因降雨超过7天，造成每月工作时间达不到208小时，租赁费用按实计算（表4-2）。

（2）提供并承担食宿

饮食标准：一般员工4000卢比/月，高级职员5000卢比/月，劳务分包的仅负责建立食堂，其他由分包企业负责。

员工宿舍建筑结构为砖墙+预制板（玻纤瓦）屋顶，因拉合尔夏季炎热，需提供活动床配置风扇，夜间其工作人员可以到室外休息。

（3）租赁设备安全由租赁人负责，主要指提供机械停放地点的保安服务。

（4）设备退租：租用设备时需提前一个月通知出租方。

（5）租赁设备税收实行代扣税政策，承租方在支付时扣除，工程机械租赁需缴纳10%的代扣税。

施工机械设备租赁价格表　单位：卢比　　　　表4-2

序号	机械名称	单位	月租赁			备注
			不含税（含工资、维护）	代扣税10%	小计	
1	推土机 D-6	台	￥400,000	44444	444444	不含设备进场费用，下同
2	推土机 D-8K	台	￥500,000	55556	555556	
3	推土机 D-9	台	￥600,000	66667	666667	
4	履带式单斗挖掘机 Ex-100	台	￥150,000	16667	166667	
5	履带式单斗挖掘机 Ex-200	台	￥200,000	22222	222222	
6	1.0m³ 轮胎式装载机	台	￥140,000	15556	155556	
7	2.0m³ 轮胎式装载机	台	￥200,000	22222	222222	
8	3.0m³ 轮胎式装载机	台	￥200,000	22222	222222	
9	5.0m³ 轮胎式装载机 卡特 950	台	￥250,000	27778	277778	
10	6.0m³ 轮胎式装载机 卡特 966	台	￥250,000	27778	277778	
11	平地机 140G	台	￥200,000	22222	222222	
12	平地机 505	台	￥200,000	22222	222222	

序号	机械名称	单位	月租赁			备注
			不含税（含工资、维护）	代扣税 10%	小计	
13	平地机 605	台	￥200,000	22222	222222	
14	平地机 705	台	￥250,000	27778	277778	
15	12t 以内压路机	台	￥200,000	22222	222222	
16	16t 以内压路机	台	￥175,000	19444	194444	
17	18t 以内振路机	台	￥200,000	22222	222222	
18	12t 以内振动压路机	台	￥150,000	16667	166667	
19	16t 以内振动压路机	台	￥175,000	19444	194444	
20	18t 以内振动压路机	台	￥200,000	22222	222222	
21	9～16t 轮胎式压路机	台	￥150,000	16667	166667	
22	16～20t 轮胎式压路机	台	￥175,000	19444	194444	
23	6m³ 以内混凝土搅拌运输车	辆	￥200,000	22222	222222	
24	8m³ 以内混凝土搅拌运输车	辆	￥200,000	22222	222222	
25	10m³ 以内混凝土搅拌运输车	辆	￥250,000	27778	277778	
26	60m³/h 以内混凝土输送泵	台	￥600,000	66667	666667	
27	40m³/h 以内水泥混凝土搅拌站	套	￥300,000	33333	333333	
28	60m³/h 以内水泥混凝土搅拌站	套	￥350,000	38889	388889	
29	30t 以内载货汽车	辆	￥250,000	27778	277778	
30	洒水汽车 40000Ltr	辆	￥200,000	22222	222222	1999-2005
31	洒水汽车 25001Ltr	辆	￥175,000	19444	194444	
32	洒水汽车 15000-25000Ltr	辆	￥150,000	16667	166667	
33	汽车自带吊车 5～9T	辆	￥150,000	16667	166667	
34	低平板汽车（45t）ks9202TJZ	台	￥300,000	33333	333333	
35	低平板汽车（60t）	台	￥350,000	38889	388889	
36	低平板汽车（65t）	台	￥350,000	38889	388889	

序号	机械名称	单位	月租赁			备注
			不含税（含工资、维护）	代扣税10%	小计	
37	低平板汽车（80t）	台	¥400,000	44444	444444	
38	高平板拖车 45t	台	¥300,000	33333	333333	
39	高平板拖车 60t	台	¥350,000	38889	388889	
40	25t 汽车式起重机	台	¥250,000	27778	277778	
41	35t 汽车式起重机	台	¥350,000	38889	388889	
42	45t 汽车式起重机	台	¥450,000	50000	500000	
43	50t 汽车式起重机	台	¥500,000	55556	555556	
44	1500mm 以内回旋钻机	台	¥200,000	22222	222222	
45	柴油发电机组（600kVA）	台	¥500,000	55556	555556	卡特
46	柴油发电机组（500kVA）	台	¥450,000	50000	500000	卡特
47	柴油发电机组（400kVA）	台	¥375,000	41667	416667	卡特
48	柴油发电机组（325kVA）	台	¥300,000	33333	333333	卡特
49	柴油发电机组（300kVA）	台	¥300,000	33333	333333	康明斯
50	柴油发电机组（200kVA）	台	¥200,000	22222	222222	康明斯
51	柴油发电机组（80、100kVA）	台	¥75,000	8333	83333	康明斯
52	柴油发电机组（40、65kVA）	台	¥50,000	5556	55556	日本电友
53	柴油发电机组（25kVA）	台	¥25,000	2778	27778	日本电友
54	柴油发电机组（150kVA）	台	¥125,000	13889	138889	西门子
55	柴油发电机组（175kVA）	台	¥150,000	16667	166667	珀金斯
56	混凝土搅拌站 HZS75C（75m³/h）	套	¥400,000	44444	444444	
57	混凝土输送泵 HBT35（移动式）	台	¥500,000	55556	555556	
58	混凝土输送泵 HBT36（固定式）	台	¥400,000	44444	444444	
59	沥青混凝土拌合站（360t/h）LQC360	套	¥5,350,000	594444	5944444	
60	沥青摊铺机 SMP90EC（8m、8.5m）	台	¥700,000	77778	777778	

序号	机械名称	单位	月租赁			备注
			不含税（含工资、维护）	代扣税10%	小计	
61	沥青摊铺机 SMP90EC（7.3m 以上）	套	￥650,000	72222	722222	
62	沥青切割机	台	￥50,000	5556	55556	
63	沥青取芯钻机	台	￥75,000	8333	83333	
64	双轮压路机 20t	台	￥20,000	2222	22222	
65	粘层油透层油洒布车 10t/12t	台	￥200,000	22222	222222	
66	粘层油透层油洒布车 8t	辆	￥150,000	16667	166667	
67	拖拉机 240	台	￥50,000	5556	55556	
68	拖拉机 325	台	￥75,000	8333	83333	
69	皮卡车 双排座	辆	￥45,000	5000	50000	
70	皮卡车 单排座	辆	￥45,000	5000	50000	
71	载人篷车	辆	￥40,000	4444	44444	

三、人力资源情况

巴基斯坦当地人力资源比较丰富，有一定土建施工及机械车辆驾驶水平的技术工人相对较多。当地工程项目较少，劳务工人众多，且地方用工政策也比较宽松，工资标准普遍较低。对外国公司及其员工的进入、限制及工作许可的有关管理规定及费用收取标准没有强制性规定，雇佣当地员工其工资收入应在规定最低线以上（表4-3）。

雇佣当地主要劳务人员工资标准　　　　　表4-3

序号	工种	工资标准（卢比/月）				
		基本工资	社会保障	交通补贴	生活补贴	小计
1	普通工人	15,000	—	—	4,000	19,000
2	钢筋工	20,000	—	—	4,000	24,000
3	模板工	20,000	—	—	4,000	24,000

序号	工种	工资标准（卢比／月）				
		基本工资	社会保障	交通补贴	生活补贴	小计
4	混凝土工	20,000	–	–	4,000	24,000
5	电工	22,000	–	–	4,000	26,000
6	砖瓦工	20,000	–	–	4,000	24,000
7	运输车辆司机	18,000	–	–	4,000	22,000
8	小车司机	15,000	–	–	4,000	19,000
9	机械操作手	25,000	–	–	4,000	29,000
10	推土机司机	35,000	–	–	4,000	39,000
11	平地机司机	30,000	–	–	4,000	34,000
12	装载机司机	22,000	–	–	4,000	26,000
13	领工员（工班长）	40,000	–	–	4,000	44,000
14	技术员（3年工作经历）	20,000	–	–	4,000	24,000
15	技术员（5年及以上工作经历）	25,000	–	–	4,000	29,000
16	文职职员	20,000	–	–	4,000	24,000
17	门卫或保安	15,000	–	–	4,000	19,000
18	翻译（英汉翻译）	50,000	–	–	4,000	54,000
19	律师	100,000	–	–	4,000	104,000
20	会计（一般）	35,000	–	5,000	4,000	44,000
21	会计（高级）	75,000	–	5,000	4,000	84,000
22	项目经理（最好）	250,000	–	25,000	6,000	281,000
23	土方施工队长	125,000		25,000	6,000	156,000
24	机械工程师	150,000		25,000	6,000	181,000
25	材料工程师	135,000		25,000	6,000	166,000
26	沥青施工队长	75,000		10,000	6,000	91,000
27	试验员	50,000		10,000	6,000	66,000

序号	工种	工资标准（卢比／月）				
		基本工资	社会保障	交通补贴	生活补贴	小计
28	计量师	135,000		25,000	6,000	166,000
29	高级测量员	125,000		25,000	6,000	156,000
30	助理测量员	50,000		5,000	4,000	59,000
31	厨师（当地人烹饪）	20,000	–	–	4,000	24,000
32	厨师（会做中国菜）	25,000	–	–	4,000	29,000

四、电力设施及通信情况

巴基斯坦近年来陆续开工的火力发电及水电项目，均处于施工过程中，未开始并网发电。施工管段内当地供电能力有限，停电较频繁，每天平均停电次数达到十次以上，且电网设施陈旧，不能满足正常施工需要。项目施工用电需以发电机发电为主，个别管区可接当地电网补充。

项目沿线所在区域内通信较好，能够满足通信需要。办公用网络可与当地联系安装，能够满足一般办公要求，使用时办理入网手续后即可使用，缺点是网速比较慢、不稳定。

五、地材资源

1. 碎石

工程总计需各类碎石约550万m³。项目所在地为旁遮普省平原地带，区域内不生产和加工碎石、砂子。施工所需碎石、片石等主要产地在SARGODHA（萨戈达）附近的山上，距离拉合尔约163km，距离项目起点位置费萨拉巴德在90km以上，距离项目终点位置拉合尔约180km。所有砂石需经供应商提供，厂家一般不接待，需从当地代理商购买，代理商提供发票（含装卸费、运费、运费税、材料采购税）。一般采用公路运输，当地路况不佳，单车每天平均只能往返一趟。

2. 砂子

项目管段区域内费萨拉巴德及拉合尔市境内河道仅生产细砂，可用于建筑装饰抹灰用；混凝土拌合用中粗砂主要是来自伊斯兰堡以北山区地带，运距400km左右。高速公路及一般公路通往砂厂及施工现场，交通方便。

3. 路基填料

（1）路基填料来源（包括取土、底基层填料）

路基主要为借土填筑，业主已将100m宽红线确定，但不指定取土、弃土场。沿线路基填料主要为黏土和粉砂土，承包商自行负责，利用现有条件，与沿线地主联系购买土源。由于项目终点段靠近拉维河，沿线地表覆土厚度小，下部地层以粉砂、粉细砂为主，路基填筑土源稀缺。且项目所在地为旁遮普省平原地带，属于灌溉农田，经济作物居多，征地困难。土地为私人所有，使用、购买与私人协商，填料挖掘取土深度只能在0.5m至1.5m内，弃土可沿线就近弃土。土地征用费用需要与土地使用者或拥有者商谈。也可以通过向地方农民购土，而不需要征地。

（2）路面底基层填料

底基层填料来源于萨戈达，为经加工后含泥量20%～30%的片状碎石混合料直接作为路面底基层填料，碎石厂众多，但加工均为小型设备。

（3）基层骨料

费萨拉巴德没有砂石料，主要从德拉加齐汗及萨戈达运输到现场，德拉加齐汗在项目北部，距离M4项目的起点为130km，萨各达在项目南部，距离终点为200km。德拉加齐汗开采碎石，质量较好价格较高，运距较近。萨戈达开采岩石，质量较差价格便宜，运距较远。

六、当地其他主要施工材料

1. 钢材及制品

普通螺纹钢、型钢、管件、钢板等当地可以满足施工需要，钢绞线厂家生产规模一般，施工过程中可根据要求适当从国内采购补充。

2. 水泥

巴基斯坦当地水泥资源丰富，到现场含税落地价约500元人民币/t，可以满足施工所需。

3. 油料及石油制品

巴基斯坦油料及石油制品主要为巴基斯坦国家油气公司控制。汽油、柴油价格比中国国内低，基本能满足施工所需；沥青、重油产能有限，以进口再销售为主，价格及供应能力受国际油价影响较大，基本可满足当地日常所需，但施工过程中需有一定储备能力，避免工期紧张时供应不足及大幅涨价。

4. 桥梁制品

巴基斯坦无该类物资生产企业，均需国内进口，或者在当地经销商处购买业主指定的欧美品牌。

5. 火工品

项目无隧道、挖孔桩、路基挖方施工，火工品主要为自建碎石场爆破使用。巴基斯坦对于火工品管控很严，私人无代理或者使用权，中资企业需以项目为依托向业主及当地政府申请批复后，选用巴基斯坦专门的火工品生产、代理运输等公司提供。

七、海关、清关情况

1. 关税政策

根据巴基斯坦海关及税法规定，进口物资设备关税率从0～100%不等，物资设备在进口环节均需缴纳17%的销售税、3%的附加销售税、1%的附加关税、1.15%州税及5.5%～9%所得税（进口方为外国政府控股企业可豁免）。关税、附加关税、调节关税、州税的计税基础均为进口货值（CIF价加1%落地费），销售税、附加销售税计税基础为进口货值加所有关税类税费，所得税计税基础为进口货值加所有关税及销售税类税费。

2. 清关过程中海关评估

按照项目是否为中巴经济走廊项目、承包商是否为中国国有企业、是否提供中巴自由贸易协议（FTA）认证、进口货物类别等因素评估，对进口货物实施不同的关税减免。

可借鉴其他在巴长期经营的中资公司经验，在其推荐名单中或自行联系正规的清关公司。

第五节　施工场地、周围环境、水文地质等概况

一、沿线地形、地貌、地质及气候、水文情况

线路地处平原地带，沿线经过农田、经济林、跨越乡村公路、二级公路和人工运河、灌溉渠等。地下水较为丰富，农田有稻田和旱地，稻田集中在拉合尔至费萨拉巴德之间，旱地集中在费萨拉巴德和阿卜杜拉·哈基姆之间。沿线地质基本为黏土、沙土和砂砾。

项目位于半干旱亚热带气候区，夏季和冬季交替明显。与冬季相比，夏季炎热又漫长。4～10月，平均气温为30℃左右，最高温度为50℃，冬季最低温度一般大于零度，

图4-2　旱地

图4-3　水田

图4-4　三分部驻地

图4-5　项目部驻地

12月、1月的平均最低气温为8℃。年平均降水量为150mm，约45%~55%的年降水量发生在7~8月的季风期（图4-2~图4-5）。

二、施工场地

项目线路红线为100m，由公路局与地方政府沟通，征地拆迁后移交给项目。项目驻地、大临场地均由承包商自行解决，中方营地全部采用征地自建的模式，封闭管理，确保安全。

第六节　工程建设主要内容

一、主要工程内容

卡·拉公路Ⅲ标项目主要包括：路基工程、路面工程、桥涵工程、排水工程、房建工程、道路安全设施、智能交通系统及绿化等，全线长230km，设3处服务区、3个休息区、14处收费站，两个管理分中心。

二、主要工程量

路基填方4217万m³，底基层混合料230万m³，基层混合料240万m³，沥青混合料122万m³；桥梁51座/2640m，其中跨既有铁路简支梁桥3座，跨运河简支梁桥32座，互通桥8座，跨线简支梁桥8座，预制I梁1458片，小型结构物920道。钻孔桩10万延米，片石50万m³，交通标志2200个，房建8万m²，植草1800万m²，植树50万棵。混凝土80.7万m³，碎石700万m³，钢筋7.2万t，钢绞线1662t，沥青12.2万t，油料7万t（表4-4）。

工程量清单　　　　　　　　　　　　表4-4

项目				
工程量清单1：土木工程				
支付条目	条目描述	单位	招标数量	投标数量
1	大临建设	项	1	1
2	设计费用	项	1	1
预付款				
支付条目	条目描述	单位		
104	天然地基压实	平方米	12,522,279	12,522,279
106a	挖掘不适用的常见材料	立方米	878,212	878,212
107d	粒料回填	立方米	355,273	355,273
108a	以道路开挖的常规材料进行路堤构建	立方米	2,638,615	2,638,615
108c	以借土开挖的常规材料进行路堤构建	立方米	51,859,057	37,859,057
108d	以开挖构筑物的常规材料进行路堤构建	立方米	1,676,665	1,676,665
109a	路基准备土方开挖	平方米	6,440	6,440
509h	碎石材料过滤层（对于进水区域）	立方米	707,610	707,610
2：底基层与基层				
支付条目	条目描述	单位		
201	粒料底基层	立方米	1,996,186	1,800,790
203a	沥青基层厂拌混合料（A类）	立方米	736,043	678,457

项目				
202	骨料基层	立方米	3,793,478	3,639,323

3：面层与铺装

支付条目	条目描述	单位		
302a	沥青透层	平方米	8,347,062	8,119,734
303a	沥青粘结层	平方米	12,576,449	12,250,250
304d	封层	平方米	8,347,062	8,119,734
305a	沥青磨耗层厂抖混合料（A类）	立方米	704,551	694,974

4A：构筑物：桥梁

支付条目	条目描述	单位		
401a1ii	混凝土等级 A1（3000 PSI）桥头搭板和翼墙基础	立方米	12,670	12,000
401a1iii	混凝土等级 A1（3000 PSI），翼墙和抗剪键	立方米	15,298	10,858
401a1ii	混凝土等级 A1（3000 PSI），隔离障	立方米	3,956	4,201
401a2ii	混凝土等级 A1（4000 PSI），混凝土垫层	立方米	201	191
401a2ii	桥面板和隔板，混凝土等级 A2（4000 PSI）	立方米	27,206	23,041
401a3iii	混凝土等级 A3（4000 PSI），桥台、横梁和幕墙	立方米	39,005	19,549
401a3ii	混凝土等级 A3（4000 PSI），桩帽	立方米	49,034	45,000
401d	混凝土等级 D1（5000 PSI）预制预应力梁	立方米	33,550	31,061
401f	贫混凝土	立方米	5,201	3,515
404b	钢筋等级 −60	吨	20,806	17,027
405a	各种预应力钢绞线	吨	1,342	1,058
405b	梁的起吊	吨	38,012	77,653
406a	预制缝填充 12 mm 厚，沥青接缝密封	平方米	696	78843
406e	弹性支承垫	立方米	74,056,320	74,056,320
407d3	现浇桩 1.2m M 直径，常规土壤中（仅钻孔桩）	延米	104,496	74,600

项目				
401a3i	现浇混凝土桩 1200mm 直径，混凝土等级 A3	立方米	118,122	84,371
407l	桩载测试，不超过 800 t	个	62	62
407m	验证钻孔（NX 尺寸）	米	2,621	2,621
509b	抛石 B 级	立方米	14,040	14,040
509h	粒料过滤层	立方米	10,296	10,296
SP-616	供应安装 PVC 管，直径 100mm，用于新泽西隔障	延米	7,488	6,638
SP-614	镀锌铁排水桩，直径 100mm	根	1,560	1,030
406cv	伸缩缝，整体式，65mm 活动量（−美国/欧盟品牌）	延米	5,796	4,568

4B：构筑物：地下通道

支付条目	条目描述	单位		
107a	常规材料结构开挖	立方米	242,186	242,186
107d	粒料回填	立方米	8,473	18,585
107e	常规回填	立方米	2,033	3,722
401a1ii	混凝土等级 A1（地面）	立方米	15,102	15,102
401a1ii	混凝土等级 A1（架空）	立方米	31,685	28,685
401f	贫混凝土	立方米	3,572	1,814
404b	钢筋 G-60	吨	6,457	4,441
406a	预制缝填充 12 mm 厚，沥青接缝密封	平方米	1,360	8,698
509b	抛石，B 级	立方米	21,240	21,240
SP-403	施工缝	延米	4,460	4,460

4C：构筑物：牲畜通道

支付条目	条目描述	单位		
107a	常规材料的结构开挖	立方米	3,115,866	117,456
107d	粒料回填	立方米	20,222	354,670

项目				
107e	常规回填	立方米	4,853	104,677
401a1ii	混凝土等级 A1（地面）	立方米	20,122	20,122
401a1ii	混凝土等级 A1（架空）	立方米	40,659	61,636
401f	贫混凝土	立方米	3,572	4,178
404b	钢筋 G-60	吨	25,733	10,130
406a	预制缝填充，沥青接缝密封	平方米	3,742	12,222
509b	抛石，B 级	立方米	71,280	71,280
SP-403	施工缝	延米	14,969	14,969

4D：构筑物：箱涵

支付条目	条目描述	单位		
107a	常规材料的结构开挖	立方米	172,474	190,717
107d	粒料回填	立方米	13,416	122,592
107e	常规回填	立方米	3,354	134,783
401a1ii	混凝土等级 A1（地面）	立方米	16,697	16,697
401a1ii	混凝土等级 A1（架空）	立方米	26,406	50,871
401f	贫混凝土	立方米	4,237	2,065
404b	钢筋 G-60	吨	19,733	9,997
406a	预制缝填充 12mm 厚，沥青接缝密封	平方米	5,972	9,274
509b	抛石 B 级	立方米	35,233	35,233
SP-403	施工缝	延米	24,343	24,343

5：排水及防蚀工程

支付条目	条目描述	单位		
107a	常规材料的结构开挖	立方米	218,013	218,013
107e	粒料回填	立方米	1,875	1,875

项目				
107d	常规回填	立方米	10,418	10,418
401f	贫混凝土	立方米	11,667	7,038
502b	混凝土等级 B，用于垫层或混凝土管涵外封套	立方米	74,625	74,625
502a	混凝土管涵粒料垫层	立方米	4,465	4,605
401a1ii	混凝土等级 A1 泻水槽（地面）	立方米	48,938	48,938
601 diii	混凝土等级 A-1 预制路缘石（200mm×150mm），包括垫层和加腋	米	607,200	474,197
509e	灌浆抛石 B 级			
	a) 用于管涵和泻水槽	立方米	265,182	265,182
	b) 用于坡脚冲刷防护	立方米	259,686	259,686
511a2	干砌石护坡（2025 mm 厚）	平方米	13,740	13,740
SP-526	水道改迁	平方米	49,680	49,680

6：附属工程

支付条目	条目描述	单位		
601ai	碾压混凝土新泽西隔离障（现浇）用于中线，双面（包括钢筋）	米	256,590	256,590
604a	波型金属护栏	米	483,000	483,000
604b	波型金属护栏端部件	个	1,932	740
604d	波型金属护栏用钢柱	个	254,211	254,211
607a	道路交通标识，类别 1	个	1,058	69
607b	道路交通标识，类别 2	个	542	542
607d	道路交通标识，类别 3（b）	个	310	310
607e	道路交通标识，类别 3（c）	平方米	1,392	2,737
SP-6	门架式交通标志 类型 A	个	67	67
SP-7	门架式交通标志类型 IV（C悬臂式）	个	88	88
608i2	反光 TP 漆路面标线，用于车道标记（20cm）	整个工作项		

	项目			
	i) 连续线	米	1,012,000	1,012,000
608h2	反光 TP 漆路面标线，用于车道标记（15cm）	整个工作项		
	ii) 虚线	米	337,333	971,750
608j2	反光 TP 漆路面标线，用于各种标记	个	1,380	540
609ci	反光塑料路面螺柱（凸起型 – 单）	个	167,933	167,933
609d	反光塑料路面螺柱（凸起型 – 双）	个	3,200	3,200
距离标志				
610c	Kilometer Post 公里标桩	个	460	460
610d	Ten Kilometer Post 十公里标桩	个	48	48
围栏				
611A	镀锌金属丝网围栏包括预应力 / 碾压混凝土柱，包括所有各方面	米	506,000	506,000
7：一般项				
测量设施				
701(a)	提供测量团队及仪器	PS	4	4
701(b)	维护，测量仪器，包括为测量团队提供两个助手	月	180	180
办公及居住设施				
702(a)	为业主及业主代表提供办公室及居所	（整个工作项）LS	4	4
702(b)	装备为业主及业主代表提供的办公室及居所	PS	4	4
702(c)	维护为业主及业主代表提供的办公室及居所	月	195	195
材料测试设施				
703(a)	为每一段提供材料测试实验室	整个工作项	4	4
703(b)	装备为每一段提供的材料测试实验室	PS	4	4
703(c)	维护为每一段提供的材料测试实验室	月	180	180
工地交通				

项目			
708(a)	为业主代表提供交通			
	丰田双驾驶室皮卡，带空调	辆	10	10
	丰田单驾驶室皮卡，带空调	辆	10	10
708(b)	为业主代表 / 助理（顾问工程师）提供交通			
	丰田双驾驶室皮卡，带空调	辆	15	15
	iv) 丰田单驾驶室皮卡，带空调	辆	25	25
708(c)	运行与维护为业主及业主代表 / 助理提供的交通车辆	车辆·月	2340	2340
	实习工程师			
712(a)	雇用实习工程师 12 个月，包括每人的住宿	人·月	600	600
	三年的总维护成本 /DLP	3 年	3	3
	便道（宽 =5m），总长度的 40% 在考虑	km	92	92

8：服务区，休息区，收费站和称重站服务区（6个）

支付条目	条目描述	单位		
SP-810	Buildings 建筑物	平方米	73,770	73,770
SP-812	Pavement 路面铺装	平方米	664,960	664,960
SP-814	Miscellaneous Works 杂项工程	整个工作项	1	1
休息区（6个）				
SP-820	Buildings 建筑物	平方米	18,438	18,438
SP-822	Pavement 路面铺装	平方米	63,066	63,066
SP-824	Miscellaneous Works 杂项工程	整个工作项	1	1
收费站和称重站				
SP-830	Toll Plaza 收费站	个	12	12
SP-832	Weigh Stations 称重站	个	12	12
SP-834	Buildings 建筑	平方米	803	803

项目				
SP-836	Miscellaneous Works 杂项工程	整个工作项	1	1
SP-838	Pavement 路面铺装	平方米	12,360	20,304
SP-840	Electrical & Mechanical Works 机电工程	整个工作项	12	12
SP-842	Miscellaneous Works 杂项工程	整个工作项	1	1

9：智能交通系统（ITS）

支付条目	条目描述	单位	数量	
SP-900	230km 智能交通系统（ITS）	套	1	1
a	交通控制中心（TCC）TCC	套	1	1
b	气象信息系统（WIS）	套	1	1
c	可变信息标志（VMS）	套	1	1
d	动态称重（WIM）	套	1	1
e	闭路电视（CCTV）	套	1	1
f	通信基础设施 ITS	套	1	1
g	电子收费系统（ETC）	套	1	1
h	旅客信息预告系统（ATIS）	套	1	1
i	匝道流量控制（RM）	套	1	1
j	路旁紧急电话（ERT）	套	1	1
k	commuters. 网络门户	套	1	1
l	on the Motorway. 高速公路咨询广播电台（MAR）	套	1	1
m	侦速摄影系统（SES）	套	1	1
n	移动和静态速度检查与由 ETC 系统连接以进行电子罚款收缴	套	1	1

10：景观与园艺

支付条目	条目描述	单位		

项目				
植草				
SP-1001	路堤边坡植草	平方米	3,220,000	3,401,738
SP-1002	在路权带（两侧）植草	平方米	11,037,800	11,037,800
SP-1004	植草的维护	月	12	12
种树				
SP-1005	种植结果实和观赏性树木，按照业主代表的规定			
	a) 外排树木（高于 10m）	棵	153,333	153,333
	b) 中排树木（3 ~ 5m 高度）	棵	153,333	153,333
	c) 内排树木（不超过 3m）	棵	153,333	153,333
	d) 花圃 @ 500 c/c 两侧（3m×25m）	整个工作项	1	1
SP-1006	树木维护	月	12	12
景观美化				
SP-1010	立交桥植草	平方米	3,420,000	1,026,855
SP-1011	立交桥上观赏性植物及假山	个	8	8
SP-1012	景观维护	月	12	12

第七节　工程项目特点、重点与难点分析

一、项目特点

卡·拉高速公路Ⅲ标为国际EPC总承包项目（设计、施工、采购总承包项目），投资规模大，战线长，管理难度大。

1. 当地自然环境条件差，夏季极为炎热，平均气温达到50℃，年均降雨量低于250mm，生态环境脆弱。环境保护及高温气候下保证施工质量是一大难点。

2. 投资规模大（约1480亿卢比，合93.7亿人民币）；施工战线长（230km，其中CR20G管辖138km，设4个工区，1个碎石场，共14个驻地，ZKB负责92km），施工班

组多，人力密集，施工组织也是本项目的一大难点。

3. 采用EPC合同模式管理，采用美国规范、标准及施工要求与国内现行规范差异大，是施工质量的一大难点。

4. 巴基斯坦国内生产力相对落后，机械设备、物资依赖进口，电力供应不足，制约项目顺利进行。

二、项目难点

1. 工期紧，共30个月（含设计期4个月）。

2. 采用巴基斯坦标准，标准基本引用美国的AASHTO，ASTM，AITM规范，英文版规范约1万多页。

3. 多方联合体参与，沟通难度大，施工是中巴联合体，设计是中巴联合体，监理是巴韩联合体，还有专门负责中巴经济走廊项目监督部门PMU。

4. 地材匮乏，多种材料需远距离采购，碎石运距200km（部分运距450km），沙子运距400km，水泥运距200km，沥青运距400km。

5. 资源短缺，优质施工队伍少，机械设备租赁困难。

6. 跨河桥施工时间短，施工难度大，每年枯水期只有1个月左右。

第五章　施工部署

Chapter 5　Construction Deployment

第一节　目标管理

一、质量目标

工程质量符合巴基斯坦有关标准、规范及设计文件要求，检验批、分项、分部工程施工质量检验合格率达到100%，单位工程一次验收合格率达到100%，主体工程质量零缺陷。

二、进度目标

合同工期：2016年2月19日–2018年8月18日，共30个月，911天。进度考虑提前4个月，2018年4月18日完成施工任务。

三、安全目标

杜绝责任特别重大、重大、较大事故。杜绝中方人员重大伤亡和死亡事故。

四、环境保护目标

全线施工现场及生活区的卫生、安全、用电、消防以及场地布置符合巴基斯坦环境保护要求。

五、成本效益目标

项目总体效益率达到10%。

第二节　管理机构、体系

一、项目组织管理机构

项目按照"大项目、小工区、多工班"的原则，建立项目管理机构，按照三级管理模式进行，即：一级为联合体项目部；二级为标段经理部（中铁二十局项目部、ZKB项目部）；三级为综合工区（生产中心，分公司）。

中铁二十局项目部下设四个工区和一个碎石加工场，13个驻地。5个子公司参加建设，分别为中铁二十局集团第一、二、三、四工程有限公司、中铁二十局集团长安重工有限公司。路基、桥涵工程由一至四公司分别负责，各自管辖35km。路面工程由一、二公司负责，其中一公司负责92km，二公司负责46km。长安重工主要负责路面碎石加工任务和进口物资管理。

ZKB项目部下设三个分部，负责K917–K1009段72km全部工程。

管理体系见图5–1。

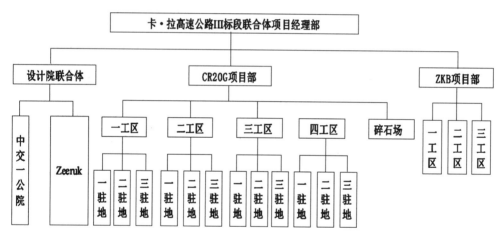

图5–1　管理体系图

二、人员配置

（1）项目部中方人员配置

项目部人员（含国内事务部）共63人（其中职工55名，外聘8名）。

项目班子成员10人（经理、书记兼常务副经理、总工各1名；副经理3名，分管生产、设备、物资；财务总监1名；纪检监察专员1名；安全总监1名；经理助理（人力资源总监）1名。

项目部职能部门7个。分别为工程技术部（9人），安质环保部（4人），设备物资部（含物流中心）（12人），计划合同部（5人），财务部（4人），综合办公室（人力资源部、医务后勤）（14人），国内事务部（4人）。

（2）工区中方人员配置

每个工区班子成员6名（经理、书记、总工、三名副经理，其中每个副经理分别兼任三个驻地经理）。工区其他人员按照专业（业务）分类及岗位进行配置，配置的数量按照工区实际承担的工程任务需要确定，并在过程中灵活调整。

高峰期各工区人员配置：一工区111人（职工68名，外聘43名）；二工区77人（职工52名，外聘25名）；三工区95人（职工60名，外聘35名）；四工区86人（职工55名，外聘31名）；碎石场12人（职工8名，外聘4名）。

（3）巴方人员配置

各工区巴方人员按照现场实际工程任务及工作面展开情况，以及所分配的机械设备数量，按照项目部的巴方人员管理办法进行招聘、使用管理。目前，项目直接聘用的巴方人员情况见表5-1。

卡·拉公路III标项目巴方人员统计表 表5-1

序号	所属单位	直接聘用的巴方人员			
		机械设备车辆操作人员	管理技术人员	其他劳务（技工、普工、杂工等）	合计
1	项目部	7	6	4	17
2	业主监理办公室	30	12	21	63
3	监理 AER 测量试验		14		14
4	业主安排实习工程师		31		31
5	碎石厂	2	1	3	6
6	一工区	193	36	652	881
7	二工区	147	52	511	710
8	三工区	117	44	1094	1255
9	四工区	80	32	522	634
	合计	576	228	2807	3611

三、工班设置情况

各单位工班按照一个中方工班长组织管理若干个巴方班组的模式操作。具体工班数量及人员数量根据现场实际施工进展情况灵活组建、调整并转岗。工班设置情况见表5-2。

卡·拉公路III标项目CR20G各单位工班设置表　　　　表5-2

序号	工班名称	工班数量					备注
		一工区	二工区	三工区	四工区	合计	
1	临建工班	6	10	3	6	25	外部工班
2	土方（土方运输）工班	15	38	25	20	98	
3	桩基工班	3	3	3	10	19	
4	结构工班	16	12	13	10	51	
5	架梁工班	1	2	1	2	6	
6	防护（附属）工班	6	3	5	8	22	
7	基层摊铺工班				1	1	
8	构件预制工班	1	1	1	1	4	
9	土方工班	2	2	2	2	8	内部工班
10	结构工班	6	2	11	6	25	
11	防护（附属）工班	5	10	11	3	29	
12	预制（安装）工班	3	3	12	2	20	
13	混凝土拌合站	2	2	2	2	8	
14	沥青拌合站	2	1			3	
15	沥青摊铺工班	2	1			3	
16	底基层摊铺工班	1	3	2	2	8	
17	基层摊铺工班	1	1	1		3	
18	修理工班	1	1	1	1	4	
19	房屋建筑工班	2	2	4	3	10	
20	绿化工班	1	1	1	1	4	
21	架梁工班	1	1	1	1	4	
	合计	75	97	98	84	353	

第三节　施工工期、顺序、流水段划分

一、工期安排

项目总工期30个月（含设计阶段），施工准备期3个月，施工期22个月，交竣工准备期1个月，考虑提前工期4个月。其中路基桥梁计划14个月，日完成土方进度指标30万m^3；底基层、基层计划12个月，日完成进度指标1.5万m^3；沥青面层计划10个月，日完成进度指标0.8万m^3；交安机电计划8个月，房建计划12个月，每个工序考虑搭接3个月。

二、施工顺序安排

1. 合同签订阶段
在接到中标通知书后，立即分批组织主要管理人员、设计人员、施工技术人员及路基、桥涵施工队伍和设备进场，进行开工准备工作。

2. 临建前期阶段
进场后，优先进行业主及工程师代表驻地、联合体项目经理部驻地、中铁二十局、ZKB经理部驻地以及12个工区驻地的建设。除此之外，办理交桩手续，进行控制网的复测工作。设计人员进行现场勘查，开展工程细部设计工作。落实取土场并对填料进行室内试验。4个标段的各路基队分段修建施工便道并逐步开始清理场地等工作。

3. 路基桥涵施工阶段
在全面完成驻地建设、临时施工道路、确定填料料源、工程细部设计及测量工作后，每两个工区以制梁场位置对应的线路桩号为中心向两端布置路基、桥涵洞施工队伍，每个工区划分成两段流水施工（17km左右），先施工梁场附近的两段路基、涵洞、通道桥梁下部结构。为本标段架梁、和路面施工提供工作面。各标段路基、桥涵工程施工顺序见图5-2示意。

小桥涵工程应较路基工程提前至少2个月完成，以便进行桥头及锥体、涵顶填土等工作；桥台要提前施工为路基施工创造条件；桥下部结构需在架梁前至少1个月前完成。

4. 架梁阶段
路基、桥涵工程施工完成后，以制梁场为中心向两端架设桥梁。与此同时，各标段开始路基附属工程施工。

5. 路面及交通设施阶段

在路基桥涵工程基本完成后，各标段同时进行路面工程、收费站、服务区土建工程、新泽西护栏预制等工程的施工；待路面工程进入到中期，准备进行波形护栏的施工，当某一路段沥青全部完成后，立即进行标志牌、标线施工。

路面基层、面层施工顺序如图5-3和图5-4所示。

6. 机电、智能系统、服务区、收费站阶段安排与路面工程同步进行

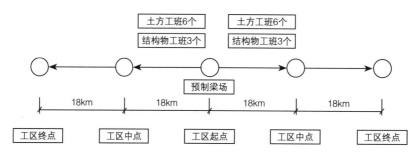

路基、桥涵工程整体施工顺序

图5-2　路基桥涵施工顺序

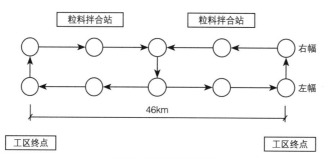

底基层、基层整体施工顺序

图5-3　基层施工顺序

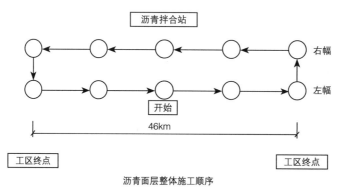

沥青面层整体施工顺序

图5-4　面层施工顺序

三、施工流水段落划分

路基、通道、涵洞、附属工程、绿化以驻地（12km）为施工单元，设置2~4个工班，2km为一段同时开始，三步流水施工。

桥梁工程以工区（35km）为施工单元，按照桩基、下部结构、上部结构、架梁4个工班流水施工。

底基层、基层以工区（35km）为施工单元，同时进行摊铺施工。

沥青面层按照46km为施工单元，全线设置5套沥青拌合站，5个摊铺工班平行施工。

服务区、收费站、休息区、收费大棚以处为单位，平行施工。

第四节　管理风险分析及对策

一、外部风险分析及对策

1. 政治风险的防范措施。一是及时了解和掌握巴基斯坦政治局势，项目依据中信保《海外国家风险分析报告》进行分析，编制《项目风险分析报告》；二是项目加强与巴基斯坦各界利益上的融合，降低由于政治问题带来的风险；三是加强同业主–国家公路局以及中国驻巴大使馆的沟通，通过与高层的对接，降低政治风险。

2. 外汇风险的防范措施。一是在工程总承包合同中增加美元支付条款，通过合同前的谈判，确定30%的美元支付，70%用当地卢比支付，降低了外汇风险；二是降低在巴基斯坦以外地区采购等成本开支，减少外币支出，努力将汇率风险控制在项目利润加管理费范围内；三是对已完工程量及时办理中期进度检查表确认，及时计价，及时索要工程款，及时回款，及时支付，降低汇率影响。

3. 自然环境风险防范措施。巴基斯坦夏季容易出现暴雨飓风情况，项目针对这类情况，选择购买合适的保险，转移项目风险。另外提前做好预案，及时恢复受损位置，降低损失。

4. 设计风险防范措施。巴基斯坦主要沿用英美等国的设计理念，与中方设计理念存在一定的差异，项目部积极同业主沟通，主动联系图纸审批单位，保证设计进度。项目虽然是边设计、边审批、边施工，但没有出现因设计原因影响现场施工。一是同巴基斯坦设计院组成联合体，共同设计、集中批复，减少设计理念的差异；二是做好设计方案的比选工作，对项目方案设计阶段和初步设计阶段组织联合体，双方认真推敲、集思广益、充分沟通，达成一致意见；三是加强控制设计过程的校审程序，保证设计图纸和报告的准确性，以及各有关专业之间在设计内容上互相衔接，彼此协调，整体一致；四是项目过程中重点做好施工阶段设计交底和图纸会审，在每批图纸到位后均组织设计单位依据巴基斯坦的有关规定，对提交的施工图纸进行系统的设计技术交底；五是加大在巴基斯坦推广中国设计标准，宣传中国设计标准，一方面尽力说服项目业主接受中国的设计，另一方面，就是由官方来推广中国设计标准。

二、内部风险分析及对策

海外项目环境陌生，巴基斯坦卡·拉高速项目跟踪、前期论证、投标报价、到开工建设各个环节均存在的投标报价风险、合同风险、人员资源风险、履约风险、财务风险、技术风险、法务风险。尤其是投标风险、人力资源风险、合同管理和财务风险。

1. 投标报价风险。对于项目标书要求的工期、施工质量标准和材料标准、地质勘测报告和标书清单的综合项目要细致全面了解，国际项目投标报价低，不是因为我们的优势有多少，主要是因为漏报、错报太多。绝对不能以低价大项目打入市场，并非不能以低价也并非不拿大项目，应该是以低价小项目切入市场，学习和总结经验，再拿大项目，盲目以低价大项目介入，会造成一个项目拖死一个企业的情况。

2. 人力资源风险。海外项目实施过程中，由于项目周期较长，人力资源的流动会给公司带来难以估量的损失，尤其是商务、技术专业人员配置少的情况下流动，容易造成人才匮乏。受劳动指标的限制，中国专业技术工人数量少，聘用、培训当地工人的属地化管理过程中，容易受到当地工会组织的罢工影响。

3. 合同管理。主要是利用合同条款来保护自己，扩大收益。要求企业合同管理的相关人员一定要熟悉当地公共工程合同法及相关的专业知识和谈判技巧，善于开展索赔，擅长利用价格调整或变更增加索赔工期和费用，精通细节，最大程度上保护自身利益。

4. 财务风险管理。财务管理是贯穿项目实施的全过程，财务管理的任何一个环节出现疏忽和差错都有可能导致重大风险。如资金统筹和使用计划；履约保函、承包保函、材料预付款保函的管理，保函必须都是闭口保函。

5. 主要物资、设备涨价与短缺风险管理策略。

（1）加强对建筑材料市场价格信息收集，提高价格预测的准确度。加强市场实时询价能力，对重要的建筑材料（如钢材、水泥、石料、油料等）分析价格走势，在投标报价阶段根据现有价格合理估计工程实施时的价格，从而有效确定投标的材料价格。

（2）争取合理的材料价格调整。承包商应主张在合同中约定业主和承包商共同承担由于材料价格变化引起的费用风险。承包商在投标时应谨慎报价并考虑在施工中有效备料和预购材料，不断提高自身的管理水平和技术实力。

（3）通过物资、设备采购合同约定，通过预付款或定金的形式锁定价格。

第五节　施工准备

一、施工管理团队建立（人员配置、队伍及劳动力进场安排）

1. 项目投入人员计划

结合项目特点和施工进度计划安排，劳动力配置按"结构合理，高效精干，专业对口，工种齐全，满足工程需要"的原则配置，高峰期投入人力约9000人。

2. 队伍及劳动力进场安排（表5-3）

项目伊始就对队伍和劳务进场计划进行专题会议讨论，根据项目规模、施工进度计划，以及配备的机械设备分期分批进场。

第一批：项目经理部及各标段主要管理人员、部分设计和技术人员、测量人员，以及部分其他后勤服务人员在收到中标通知书后15天内进场，对现场进行详细的查勘，进一步落实营地位置、控制网复测、办理临时用地、临时用电手续，以及编制技术方案等施工准备。

第二批：项目经理部及各标段剩余人员，以及部分路基土石方施工人员和部分结构物施工人员接到中标通知书后30天内进驻现场，开始工程设计、营地建设、清理场地、修建临时施工道路，以及混凝土拌合站、钢筋加工场等临时设施工程。

第三批：剩余所有土方工程、桥梁工程、涵洞及通道工程的施工人员，在开工日后150天内全部到齐，确保4个标段按期同步全面开工。

第四批：在路基工程完成前60天内，路面施工人员全部进场，开始路面施工准备工作；路基桥梁工程即将完成前，调整施工人员，进行路基附属工程、收费站、服务区等工程施工。

第五批：在路面工程完成前10个月内，交通安全设施施工人员全部进场，准备进行交通安全设施及职能交通系统的安装。

队伍及劳动力总需求计划表

表5-3

工种 / 单位	领导层	设计人员	技术人员	测量人员	试验人员	其他人员	搅拌机司机	驻载机司机	推土机司机	平地机司机	压路机司机	汽车司机	摊铺机司机	起重工	模板工	电气焊工	钢筋工	混凝土工	电工	修理工	普工	钻机司机
项目经理部	3	3	3	0	0	10	0	0	0	0	0	0	0	0	0	0	0	0	0	0	0	0
设计院	3	40	0	0	0	0	0	0	0	0	0	0	0	0	0	0	0	0	0	0	0	0
CR20G 经理部	10	5	10	2	2	18	0	0	0	0	0	0	0	0	0	0	0	0	0	0	0	0
ZKBJ 经理部	10	5	30	2	15	18	0	0	0	0	0	0	0	0	0	0	0	0	0	0	0	0
CR20G 一工区 路桥1队	5	0	8	9	8	38	2	13	4	6	10	51	0	5	18	12	15	12	1	8	75	9
CR20G 一工区 路桥2队	5	0	8	9	8	42	3	13	4	6	10	52	0	5	18	16	25	16	1	8	83	9
CR20G 一工区 路桥3队	5	0	8	9	8	38	2	13	4	6	10	51	0	5	18	12	15	12	1	8	75	9
CR20G 一工区 路面1队	5	0	3	9	7	31	4	12	0	0	13	83	8	0	0	0	0	0	5	6	100	0
CR20G 一工区 路面2队	5	0	3	9	7	31	4	12	0	0	13	83	8	0	0	0	0	0	5	6	100	0
CR20G 二工区 路桥1队	5	0	8	9	8	38	2	13	4	6	10	51	0	5	18	12	15	12	1	8	75	9
CR20G 二工区 路桥2队	5	0	8	9	8	42	3	13	4	6	10	52	0	5	18	16	25	16	1	8	83	9
CR20G 二工区 路桥3队	5	0	8	9	8	38	2	13	4	6	10	51	0	5	18	12	15	12	1	8	75	9
CR20G 二工区 路面3队	5	0	3	9	7	31	4	12	0	0	13	83	8	0	0	0	0	0	5	6	100	0
CR20G 三工区 路桥1队	5	0	8	9	8	38	2	13	4	6	10	51	0	5	18	12	15	12	1	8	75	9
CR20G 三工区 路桥2队	5	0	8	9	8	42	3	13	4	6	10	52	0	5	18	16	25	16	1	8	83	9
CR20G 三工区 路桥3队	5	0	8	9	8	38	2	13	4	6	10	51	0	5	18	12	15	12	1	8	75	9
CR20G 四工区 路桥1队	5	0	8	9	8	38	2	13	4	6	10	51	0	5	18	12	15	12	1	8	75	9
CR20G 四工区 路桥2队	5	0	8	9	8	42	3	13	4	6	10	52	0	5	18	16	25	16	1	8	83	9
CR20G 四工区 路桥3队	5	0	8	9	8	38	2	13	4	6	10	51	0	5	18	12	15	12	1	8	75	9
ZKB 一工区 路桥1队	5	0	8	9	8	38	2	13	4	6	10	51	0	5	18	12	15	12	1	8	75	9
ZKB 一工区 路桥2队	5	0	8	9	8	42	3	13	4	6	10	52	0	5	18	16	25	16	1	8	83	9
ZKB 一工区 路桥3队	5	0	8	9	8	38	2	13	4	6	10	51	0	5	18	12	15	12	1	8	75	9
ZKB 二工区 路桥1队	5	0	8	9	8	38	2	13	4	6	10	51	0	5	18	12	15	12	1	8	75	9
ZKB 二工区 路桥2队	5	0	8	9	8	42	3	13	4	6	10	52	0	5	18	16	25	16	1	8	83	9
ZKB 二工区 路桥3队	5	0	8	9	8	38	2	13	4	6	10	51	0	5	18	12	15	12	1	8	75	9
ZKB 二工区 路面1队	5	0	3	9	7	31	4	12	0	0	13	83	8	0	0	0	0	0	5	6	100	0
ZKB 二工区 路面2队	5	0	3	9	7	31	4	12	0	0	13	83	8	0	0	0	0	0	5	6	100	0
ZKB 三工区 路桥1队	5	0	8	9	8	38	2	13	4	6	10	51	0	5	18	12	15	12	1	8	75	9
ZKB 三工区 路桥2队	5	0	8	9	8	42	3	13	4	6	10	52	0	5	18	16	25	16	1	8	83	9
ZKB 三工区 路桥3队	5	0	8	9	8	38	2	13	4	6	10	51	0	5	18	12	15	12	1	8	75	9
合计	156	53	226	238	220	1027	69	333	84	126	275	1493	40	105	378	280	385	280	46	198	2131	189

总计：8332

二、施工技术准备

按照业主要求，项目部成立两个工地试验室，按照合同文件配置测量、试验设备，并根据当地实际情况，增加部分国内检测设备，如GPS、无核密度仪、车载式平整度仪等试验测量设备。中巴技术人员达到1∶2的比例，高峰期项目部中方技术人员达160多人。

三、施工任务划分

根据业主的要求以及本工程的特点，为便于施工组织管理，将项目划分为2个标段同步进行施工。每个标段配置独立的资源管理、施工营地、设计团队、专业的施工队伍和施工设备。各标段项目经理部均设有设计部、工程部、物资设备部、计划财务部、安全质量部、试验室和办公室。

标段项目部下设3～4个工区，其中，每个工区下设4个路基工班、3个桥涵工班、2个混凝土拌合站、1个钢筋加工场、2个路基附属工班等。每个工区计划承担约35km范围内的路基及其附属工程、桥梁工程、涵洞工程、过路通道及地下通道工程、小型及大型排水及防止水土流失工程、服务区及收费站土建工程等；

设路面综合施工队共5个，每个综合施工队下设2个基层施工工班、1个沥青面层施工工班、1个波形护栏施工工班、1个标线施工工班、1个标志牌施工工班等，计划承担约46km范围内的路面底基层、基层，沥青面层，以及交通设施等工程。

在工区内不制设大型梁场，梁场随桥布置，负责生产标段内的预制梁，在预制梁完成后，集中路缘石、六角块、隔离网立柱等构件。各综合施工队根据其所承担的工作内容分别开辟多个作业面组织平行施工。施工队伍配备及任务划分见表5-4。

施工队伍配备及任务划分表　　　　表5-4

序号	项目部	施工队伍名称		负责区段			施工任务
1	ZKB项目部	一工区	路桥施工1队	K917+000	–	K927+000	路桥工班负责：路基及其附属工程；大临工程；桥梁、通道和涵洞工程；收费站、服务区等工程。路面工班负责：路面工程、波形护栏、标线、标志牌等工程
			路桥施工2队	K927+000	–	K937+000	
			路桥施工3队	K937+000	–	K948+000	
		二工区	路桥施工1队	K948+000	–	K958+000	
			路桥施工2队	K958+000	–	K968+000	
			路桥施工3队	K968+000	–	K979+000	
			路面施工1队	K917+000	–	K963+000	
			路面施工2队	K963+000	–	K1009+000	
		三工区	路桥施工1队	K979+000	–	K989+000	
			路桥施工2队	K989+000	–	K999+000	
			路桥施工3队	K999+000	–	K1009+000	

序号	项目部	施工队伍名称		负责区段			施工任务
2	CR20G 经理部	一工区	路桥施工 1 队	K1009+000	–	K1021+000	路桥工班负责：路基及其附属工程；大临工程；桥梁、通道和涵洞工程；收费站、服务区等工程。路面工班负责：路面工程、波形护栏、标线、标志牌等工程。碎石场：负责路面碎石加工
			路桥施工 2 队	K1021+000	–	K1032+000	
			路桥施工 3 队	K1032+000	–	K1044+000	
			路面施工 1 队	K1009+000	–	K1055+000	
			路面施工 2 队	K1055+000	–	K1101+000	
		三工区	路桥施工 1 队	K1044+000	–	K1056+000	
			路桥施工 2 队	K1056+000	–	K1067+000	
			路桥施工 3 队	K1067+000	–	K1079+000	
		四工区	路桥施工 1 队	K1079+000	–	K1091+000	
			路桥施工 2 队	K1091+000	–	K1102+000	
			路桥施工 3 队	K1102+000	–	K1114+000	
		二工区	路桥施工 1 队	K1114+000	–	K1126+000	
			路桥施工 2 队	K1126+000	–	K1137+000	
			路桥施工 3 队	K1137+000	–	K1146+950	
			路面施工 1 队	K1101+000	–	K1146+950	
		碎石场	开采工班	K1009+000	–	K1146+950	
			加工工班	K1009+000	–	K1146+950	

四、施工进度计划编制

根据总工期30个月（累计911天），结合类似工程施工经验，制定初步的施工工期计划安排表见表5-5。

施工工期计划安排表　　　　　　　　　　　表5-5

分项工程名称	开始时间	结束时间	工期/天
1 施工准备	2016/2/19	2017/5/31	467
1.1 控制网复测	2016/5/1	2016/6/30	60
1.2 工程师代表营地建设	2016/3/15	2016/6/20	97
1.3 项目经理部营地建设	2016/3/10	2016/6/20	102
1.4 工区营地建设	2016/3/10	2016/6/15	97
1.5 综合队营地建设	2016/3/10	2016/6/15	97
1.6 施工便道	2016/3/10	2016/8/30	173
1.7 混凝土拌合站建设	2016/3/20	2016/6/30	102
1.8 钢筋加工场建设	2016/3/20	2016/6/30	102
1.9 预制梁场建设	2016/4/1	2016/8/31	152
1.10 粒料拌合站建设及备料	2016/9/1	2017/1/31	152
1.11 沥青拌合站建设及备料	2017/1/1	2017/5/31	150
1.12 电力及通信设施建设	2016/4/1	2017/3/31	364
2 设计工程	2016/2/19	2016/7/31	163
3 路基工程	2016/2/22	2017/12/31	678

分项工程名称	开始时间	结束时间	工期/天
3.1 清表及地基处理	2016/2/22	2017/1/31	344
3.2 路基填筑	2016/7/1	2017/11/30	517
3.3 防护及排水	2017/1/1	2017/12/31	364
4 箱涵工程	2016/7/1	2017/6/30	364
5 通道工程	2016/7/1	2017/6/30	364
6 桥梁工程	2016/7/1	2017/8/31	426
6.1 钻孔桩	2016/7/1	2017/1/31	214
6.2 桥梁下部结构	2016/9/1	2017/5/31	272
6.3 梁体预制及安装	2016/9/1	2017/6/30	302
6.4 桥面系及附属	2017/2/1	2017/8/31	211
7 路面工程	2017/2/1	2018/5/31	484
7.1 路面底基层	2017/2/1	2018/1/31	364
7.2 路面基层	2017/4/1	2018/3/31	364
7.3 沥青基层	2017/7/1	2018/4/30	303
7.4 沥青磨耗层	2017/9/1	2018/5/31	272
8 附属工程	2017/6/1	2018/5/31	364
8.1 服务区	2017/6/1	2018/5/31	364
8.2 收费站	2017/6/1	2018/5/31	364
8.3 绿化及园林工程	2017/12/1	2018/5/31	181
8.4 标线、标志牌	2017/12/1	2018/5/31	181
8.5 波形护栏	2017/12/1	2018/5/31	181
8.6 新泽西护栏施工	2017/6/1	2018/4/30	333
8.7 智能交通系统	2017/12/1	2018/5/31	181
9 清场及验交	2018/7/1	2018/8/18	48

五、施工临时设施建设

卡·拉公路Ⅲ标项目设1个联合体项目经理部营地，2个独立标段的经理部营地，18个独立的综合施工队营地，15个钢筋加工场，11个混凝土拌合站，5个沥青拌合站。为便于安保工作，工地试验室与工区项目部营地设在一起，每个综合施工队的现场试验室与综合施工队营地设在一起。与此同时，按照合同规定的要求，为业主提供4个独立的营地（含试验室），配置家具和设备。

联合体项目经理部营地计划设在拉合儿城市内，2个标段经理部分别设置在K1063、K971，营地设置规模、房屋结构类型等情况见表5-6。

各组织机构占地及房屋面积一览表　　　　　表5-6

序号	组织机构名称	单个面积（m²）		数量	总面积（m²）		备注
		占地面积	房屋面积		占地面积	房屋面积	
1	项目经理部驻地	1200	500	1	1200	500	
2	标段项目经理部驻地	6000	2000	2	12000	4000	
3	工区项目部驻地	5000	2000	8	40000	16000	
4	综合施工队队部驻地	3500	1000	8	28000	8000	
5	业主代表驻地	6000	2340	4	24000	9360	
6	底基层、基层堆料场	23000	100	11	253000	1100	
7	混凝土拌合站驻地	7000	200	11	77000	2200	
8	沥青拌和站驻地	30000	200	4	120000	800	
9	钢筋加工场驻地	2000	150	12	24000	1800	
10	预制场场驻地	3000	50	15	45000	750	
合计					624200	44510	

在正线一侧新建施工便道，满足路基、桥涵工程开工需要。施工便道路面宽度不小于7m，其路面采用15cm厚泥结碎石面层硬化。在施工期间，安排专人养护，并定期洒水，控制扬尘。

当施工便道在线路跨越沟渠、河流处时，在同一侧修建圆管涵和便桥跨越，形成一条全线贯通的施工道路。全线共修建钢便桥约200m，圆管涵316道/4424m。临时涵洞拟采用$\phi 1.0 \sim \phi 1.5m$钢筋混凝土预制管双排埋设，便桥采用贝雷梁钢便桥。

六、物资设备准备情况

结合市场考察情况，考虑业主预付款拨付及工期要求，需做好设备配套及采购计划、材料需求计划等报上级单位审批。

设备方面：项目前期主要为土方施工阶段，通用设备由土方施工队自带，减少项目成本支出；营地内在当地购买或者租赁发电机，确保办公及生活需求；后续按照工期节点，及时组织设备招标。

物资方面：前期主要为临时设施及施工所需物资，可以在当地市场零星采购，来满足施工需求。根据按照市场考察情况，及时整理当地供应商信息，做好物资招标的前期招标准备工作。

第六节　组织协调

一、社会/公共关系的沟通与协调

项目部专门成立以翻译班牵头的公共关系联络部门，广泛与巴基斯坦公路局及其他职能部门沟通协调，每月主动拜访当地政府主管领导，积极开展公共事务活动，消除政治壁垒，表达项目的观点，让政府和职能部门了解、理解并支持项目，达到协调的目的。

适当参与和赞助当地公益事业，对地方进行部分扶贫工作，提高自己的知名度，树立项目的声誉和形象，把自己塑造成巴基斯坦一个合格的社会成员，当一名当地社会公益事业"热心人"。

同当地大型合作方、利益方建立长期互利的合作关系，注重各层次的交往，形成风险共担，利益共享的局面，保证项目稳定运行。

二、与驻巴基斯坦大使馆的协调情况

项目指定一名主管领导专门负责与驻巴大使馆、经商处的联系，每两月进行一次沟通，专门汇报项目的进展情况和存在的问题，借助我国驻外机构的力量，加强与当地政府部门的沟通与交流，同时与巴基斯坦其他中资企业建立良好的互助关系，互通有无，共同发展。

三、与国内的组织协调情况

为便于项目部和国内的信息沟通、为项目提供支持，根据项目特点设立国内事务部，定员4人。国内事务部受项目部指令、安排及时向集团公司相关业务部门汇报、联系、报送、传递资料，积极配合业务开展；加强与国内相关合作单位沟通、协调，保障合作目标顺利实现。

1. 进行国内市场调查、代表项目部参与国内物资设备采购的招评标

国内事务部代表项目部配合集团公司集采中心从标书的编订、制作、招标文件的发

放、投标单位的审核与统计、开标及评标以及二次谈判等各个环节，参与设备物资招标工作，及时向项目部汇报情况并明确本项目采购的要求，配合集采中心对海外物资承运人和港口代理进行了招标、评标等工作，对重要物资驻厂监造和检验，要求和指导厂商进行符合出口的包装。

2. 组织国内采购设备物资发运及保险理赔工作

对中国内地至巴基斯坦项目所在地海运和陆运情况进行系统的考察，为项目物资发运方式提供决策依据；先后组织十六个航次的设备、物资发运，按照项目部的要求，完成货物装箱、集港、商检、报关、顺利发运等工作；配合前方清关工作，及时与前方沟通目的港清关所需资料，制作提单、FTA证书、清关箱单发票等清关资料，并在取得原件后第一时间交付至前方，保证前方清关工作的顺利进行；收集退税和保险理赔所需的相关资料。

3. 办理国内人员上场工作

组织项目外聘人员参加技能考核鉴定，身体状况检查等事项，协助海外指办理人员上场的护照、签证、路条等资料。根据项目部人员需求计划安排人员赴巴，前方急需的小型零配件由上场人员携带。

4. 做好前方人员后勤服务工作

协助办理档案关系、组织关系等事项，关心海外人员子女就学、购房、家属医疗和丧葬等遇到的困难，体现企业人文关怀。

四、与业主NHA/PMU的沟通与协调

项目借助每月的PMU会议，向国家公路局相关领导汇报工作，主动沟通，并在当地的大型节假日进行拜访，增加双方私人感情。在交往中介绍中国，让对方了解中国、熟悉中国，适当时候推行中国标准、中国规范，更好的服务项目。

五、联合体内部的沟通与协调

项目成立联合体时充分考虑到沟通的重要性，组建了联合体办公室，对项目上存在的各方面问题，通过三个层次讨论解决。第一层次是各专业层的协调会，随时召开，通过专业人员解决专业方面的问题，特别是设计方面的统一；第二层次是项目经理层协调会，每月召开一次，协调专业层未能解决的问题；第三层次是高层协调会，解决项目的主要分歧，形成决策。卡·拉公路Ⅲ标项目坚持召开协调会，解决分歧、认知习惯差异。

第六章　主要管理措施

Chapter 6　Main Management Measures

第一节　工程进度计划管理

一、工程计划的编制

1. 编制一级总体进度计划，对各分部工程确定开始及完成时间，并利用P6软件及时进行信息化管理，分析关键线路，提前确定材料需求计划，进口物资提前3个月考虑。

2. 在每个分部工程开始前，确定二级阶段计划，如土方工程、路面工程、房建工程等，分解出每阶段必须完成的工作任务，向全体施工人员明确，形成刚性目标。

3. 结合总体计划和阶段计划，进行流水和交叉施工工作安排，确定月度计划。各工区编制补充计划或周计划，确保月度计划的完成。形成"以计划为纲，完成计划为荣"的氛围。

二、工程计划的执行与控制

卡·拉公路Ⅲ标项目要在30个月完成230km高速公路的建设，科学地编制进度计划，严格按照计划组织施工十分重要。项目部对总进度目标进行分解，编制详细施工进度计划，形成进度计划报告，每月召开进度计划会议，对比进度实施情况，分析影响进度的因素，对现场存在的问题逐一进行解决，保证项目的顺利开展。同时通过建立生产计划统计管理体系、实施计划动态管理、建立进度目标责任制，分解进度目标、狠抓计划落实，提高经济奖罚的手段对项目计划进行严格控制，做好资源、技术、组织、管理保障，才能保证项目提前四个月完成建设任务。

三、主要影响进度因素及应对

1. 提前材料、设备规划，确保资源按时到位，满足施工计划需求。巴基斯坦部分物资紧缺，需要从进口的，如桥梁伸缩缝、橡胶支座、大型吊车、沥青拌合楼、摊铺碾压设备等材料设备。根据前期经验，从确定订单到工地现场，最少需要3个月时间，项目部紧扣一级总体计划提前考虑采购，避免了因材料、设备的不到位，影响了整个施工生产。

2. 开展劳动竞赛，节点计划考核，掀起大干高潮。项目部多方面多渠道组织各项劳动竞赛、节点考核，如2017年"大干100天，完成20亿"，2018年"大干一季度、完成通车任务"等活动。共组织劳动竞赛3次，阶段节点考核10余次，劳动竞赛和节点考核奖励达2000多万元，有效促进了项目的施工生产快速推进，为项目提前4个月完成施工任务起到积极作用，赢得了荣誉，取得了较好的效益。

3. 关键节点，集中突破。项目跨越的水中桥均为灌溉河流，停水断流时间只有1个月。针对水中桥，召开专题会议讨论，每一个桥编制专项计划，每日考核，集中项目的资源，快速实施，先后在40天内，完成4个桥的下部结构施工，保证了卡脖子的关键节点，为架梁工作提供了通道，用实践展现了中国速度，体现了中国人特别能战斗，特别能吃苦的精神，赢得了当地的广泛赞誉。

第二节　工程商务管理

一、合同管理及法律事务

项目部计划合同部牵头负责整个项目的合同管理，聘用国内律师和巴基斯坦当地律师事务所对项目提供服务。项目部组织相关部门对所有合同进行评审，详细讨论，多方论证，保证了合同的严谨性，并由巴方律师提供了法律咨询，从源头规避法律风险。计划合同部持续跟踪、监督合同的实施，出现法律纠纷，特别是由于地方政策引起的造价变化、费用增加均采取法律方式进行维权，保证项目利益。通过合同管理、法律手段较好地解决碎石场矿山未按期交付、地方政府增加河沙资源费等案例，减少了项目成本的支出，维护了项目部的权益。

二、财务管理

（一）明确职责

项目配置财务人员13人，其中项目财务部定员4人，各工区2人，碎石场1人。项目部财务部设部长1名，税务会计兼英文账会计师1名，中文账会计1名；报表会计兼项目出纳1名。

财务总监作为项目班子成员，在职责范围内，全面负责项目财务管理和成本核算工作。

项目财务部负责本项目中英文账套的统一核算，负责项目税务筹划及外审工作，为便于国内母公司和参建单位管理需要中文账分二级核算，工区财务部负责各工区中文账核算，积极配合项目财务部完成英文账的核算及单据的归集。

工区财务部门负责管段范围内的会计核算和成本核算工作，在项目部核定的经费包干指标内，制定合理的间接费用控制开支办法，并办理相关的报销业务。做好管段内外包单位的计价及施工款结算工作并上报项目部，由项目部审核代付，依据成本定额和班组、单机、单车或个人定额完成情况协助做好工资分配，保证工资及时发放。

（二）核算模式

项目对工区执行指导价+间接费的财务核算模式，间接费—职工薪酬、人工费由项目部财务部依据项目制定的人员配置计划标准每月给工区核定；间接费—包干经费、指标控制经费按照项目财务管理相关规定每月给予核定，间接费财务部每月（季）提供给项目计划部给工区计价作为各工区的收入，工区实行零利润核算，各参建子公司利润由项目年底统一分配，各工区（子公司）责任成本节超在年底和项目部应分配的利润一并分配给各参建子公司。

（三）建章立制，明确各项费用标准

项目上场初期制定了《中铁二十局卡·拉公路Ⅲ标项目薪酬管理办法》《中铁二十局卡·拉公路Ⅲ标项目差旅费管理办法》《中铁二十局卡·拉公路Ⅲ标项目间接费管理办法》《项目财务管理与核算暂行办法》《关于规范外币业务核算的通知》《关于上报资金计划的通知》等办法，办法中对办公费、业务招待费、差旅费、体检费、管理用车使用费、低值易耗品购置费、办公用固定资产使用费等指标控制标准进行了明确；电话费、伙食补贴、降温费、健康补贴、出勤津贴、野外津贴等费用实行包干管理；过程中严格按照财务制度办法开展各项业务。

（四）发挥资金集中支付的管理优势，体现各级的监督职能

项目仅开设一个基本账户，所属单位所有款项由项目部统一审批支付，项目资金支付及费用报销审批流程如下：

1. 借款的审批流程

用款单位（人）提出申请→分管领导审批→财务部长审批→财务总监审批（20万卢比审批流程结束，出纳支付）→常务副经理审批（超过20万卢比常务副经理审批）→出纳支付。

2. 所属单位对下计价款、设备租赁结算款、零星物资采购款代付审批

工区财务人员填制资金支付审批单并附合同、签字齐全的对下计价单、租赁结算单、发票及财务部需要提供的其他资料→财务部长审核→生产副经理签署意见→财务总监审签→项目经理批准→出纳支付。

3. 当地劳务薪酬发放

用人单位编制当地劳务工资发放表→人力资源部部长审核→经理助理审核→财务部部长审核→生产副经理签署意见→财务总监审签→项目经理审批→出纳支付。

4. 职工及国内劳务薪酬发放

主管会计制单→财务部长制单→财务总监审核→项目经理审批→出纳支付。

5. 设备采购及主材采购支出审批

业务经办人提供相关单据及附件→财务部主管会计师初审并制作凭证→财务部长审核→分管领导签署意见→财务总监审签→常务副经理、项目经理联审联签→出纳支付。

6. 包干经费与指标控制经费

包干经费报销审批流程：主管会计师制单→财务部长审核→财务总监审签→常务副经理审批→出纳支付。

劳保费报销审批流程：综合办公室经办人员制单→财务部主管会计师初审并制作凭证→财务部长审核→分管领导签署意见→财务总监审签→常务副经理审批→出纳支付。

指标控制经费报销审批流程：经办人提出申请→主管会计师对票据进行初审并制作凭证→财务部长审核→分管领导签署意见→财务总监审签→常务副经理审批→出纳支付。

鉴于海外项目的特殊性，对工区实行定额周转金制度，各工区预借的周转金控制在500万卢比以内，折合人民币约30万元；为加强巴方劳务人员管理，项目对巴方员工实行银行代发制度，项目巴方劳务人员最高峰时达到4000人以上，银行代付工资8000万卢比以上，杜绝了现金发放的风险。

7. 完善的责任成本考核体系及符合现场实际的考核措施

建立完善的责任成本考核体系，成立责任成本考核小组，小组由项目财务总监及财务部和计划合同部负责人组成。

项目责任成本考核内容并非一成不变，小组根据项目每个阶段的管理侧重点来拟定考核内容。第一阶段考核从基础工作规范等日常业务方面出发，目的在于让财务工作有章可循，规范核算以及便于后期责任成本工作的管理及落实；第二阶段"百日大干"的综合考核，主要考核各单位间接费节超、资金支付、计价工作推进，强化了各单位在间接费及资金管控方面管理意识，促进了计价工作；第三阶段增加对各单位效益率及计价率指标考核，对项目整体成本核算及计价工作起到了推动作用；第四阶段增加对各单位产值贡献率的考核。

定期变换的考核指标是项目责任成本考核的特点，指标随项目各个阶段的管理要点不同而变化，不同阶段考核侧重点的变化提升了项目所属单位的成本意识，推进项目的责任成本管理（表6-1）。

责任成本考核内容汇总表　　　　　　　表6-1

考核区间	考核内容	分值
第一阶段	财务基础工作	50
	计划及合同管理基础工作	50
第二阶段	当期间接费占收入比	20
	开累资金支付占收入比	40
	计价工作及资料	40
第三阶段	季度成本节余率	25
	开累成本节余率	15
	资金开累支出占收入	20
	土方计价率及开累产值计价率	40
第四阶段	综合产值贡献率及计价	40
	开累资金支付占收入比	30
	开累间接费占收入比	30

三、税务管理

一是从源头控制，在对下分包、采购合同拟定环节争取添加对自己有利的条款，把未来的少缴税、漏交税、补缴税的风险转嫁给对方；二是仔细研读税法各类细目，抓住可节税的有利条款，进行节税控制。

通过税务筹划开累节约税务成本，主要表现在对下分包环节，通过合同拆分、改变合同性质的方式从降低分包方的税赋角度出发，降低了部分分包单价，取得了较好的成效；如通过税法中对单台设备租赁免缴16%旁遮普省销售税条款，将每台设备单独与司机签合同，节约销售税。

第三节　人力资源管理

一、人力资源管理体系

1. 充分调研，科学规划

项目结合调查情况及企业实际，制定了如下人员配置原则：

（1）中巴方人员高峰期比例达到1∶20。

（2）职工为管理、技术人员。

（3）各类专业岗位（工种）的中方人员原则上只配置少量的具有一定现场带班经验、技能水平较高的人员。

（4）现场普通劳务全部为巴方人员。

（5）大量使用巴方技工、设备车辆操作人员及测量试验人员。

根据上述原则，项目对中方人员岗位及数量进行了详细规划。

2. 建立健全人力资源管理体系

根据"大局指、小工区、多工班"组织机构模式，项目部设人力资源分管领导岗位，人力资源部。工区设人力资源分管领导岗位（由工区经理兼任），专职中方人力资源负责人，并配置2~3名巴方人力资源专员。工班设人力资源负责人（由工班长兼任）。

各工区所使用的中、巴方人员均按照"谁用工，谁计划，谁招聘，谁管理"的原则执行，工区是所属员工具体招聘、录用及管理的责任主体，也是所属人员人工成本的责任主体。

3. 强化考核，调动员工能动性

项目制定了《队伍建设考核办法》和《中巴方员工考核办法》，对各工区队伍建设工作进行阶段性考核，同时开展阶段性员工"评优评先"活动。队伍建设考核从人员选聘、信息档案管理、制度化管理、人员稳定程度、工班长（Forman）培养、员工培训等方面进行，每月进行一次，对队伍建设工作好的单位进行奖励；员工评优评先从员工工作态度、工作表现、技能水平、工作时间等方面进行考核评选，每半年进行一

次。对经过考核，评选出的优秀员工，按照不同岗位进行不同幅度的工资提升，对于表现差的员工，实行末位淘汰制。通过考核，项目对330名巴籍员工提升了工资待遇，约占巴籍员工总数10%；26名中方外聘员工提升了工资待遇，约占外聘员工总数15%；淘汰了5名中方外聘员工，约占外聘员工总数的3%。通过阶段性考核，大大提高了员工的工作积极性和能动性，保证了项目顺利进行。

通过项目部一系列科学规划、严管善待，实现了从计划国内上场人员1300人，中巴方人员比例1∶9，达到了实际上场中方人员440人，中巴方人员比例高峰时期1∶20，平均1∶15的突破，节约大量人力成本，减少管理环节，提高管理效率。

二、雇员招聘与培训

持续开展员工培训工作。对于中方人员，在上岗前就针对巴基斯坦国家环境、风俗习惯、宗教信仰，制定了人员上场教育手册，并组织了上场前适应性教育，使中方人员在上场前及上场初期就熟悉巴基斯坦国家社会环境、宗教文化、风俗习惯，规避了中方人员在陌生国度中的不良行为及不良影响。并在施工管理过程中，定期不定期进行培训教育工作，促进中巴方人员和谐相处，逐步融合。

对于巴方员工的培训工作，一是上岗前的集中培训，项目部、工区均设立5个培训机构，项目部牵头组织岗前培训工作，培训内容有企业文化、行为规范和管理规定、安全操作规程、相应工种或岗位的技能培训等。二是在具体作业过程中，通过中方技术人员、工班长、技工以及设备厂家服务人员等以现场教授，传帮带的形式进行培训，来提高属地员工各方面的技能。三是采取组织现场观摩会的方式进行相关专业（业务）培训。项目共组织培训70余场次，培训人员10000人次，通过培训，使员工了解了CR20G企业文化，熟悉了项目各项管理制度，提高了相应工种的技能水平和管理要求，为项目顺利展开提供了人力资源保障。

三、绩效、薪酬及人工成本管控

对于中方人员，项目制定了《职工选派、外聘劳务招聘要求及上场程序》，明确了各参建单位职工选派、中方外聘技工选聘标准、资质要求、上场程序以及外聘技工的合同模式、工资标准，并严格实行人员上场报批程序，规范了外聘劳务用工，从源头上把控上场人员。上岗的所有职工都必须是管理、技术人员，外聘人员都必须是技能熟练并具有带班能力的技工。所有上岗人员均在二级甲等及以上医院按要求的体检项目进行体检，外聘技工均安排在集团公司技校进行技能鉴定，把控了人员的身体关、技能关。坚决杜绝只拿工资不干活的"关系户"和"亲属工"上场。

对于巴方人员，在充分调查了当地人力资源状况及用工政策、工资标准后，结合项目实际，制定了《巴籍员工管理办法》，包括人员信息档案管理制度、劳动合同范本、不同岗位（工种）的工资标准及工资发放、考勤管理、纪律管理等。使各用人单位在巴籍人员招聘、录用、使用管理上规范操作。人员应聘时必须提供身体健康证明、无犯罪证明和相关的技能操作证。且对于各类技工和机械设备操作手，招聘时严格测试，认真考核。所有巴籍员工统一实行编号管理、挂牌上岗。所有巴籍员工，均实行银行"打卡"的方式发放工资，按月及时发放工资，不拖欠，不克扣，规避使用大量现金风险和人员"虚空"漏洞。

第四节　工程物资管理

一、采购管理

1. 当地资源状况的调查

从投标阶段就积极谋划，详细调查所在国家当地的资源状况，特别对于当地材料的价格以及市场规模情况，以判断项目启动对物资价格的敏感程度。项目所在国家工程机械和配件的成熟程度，在世界工程机械行业，存在着同一种产品在不同地区，不同国家的设备价格差异，而且还存在着设备制造厂家对不同国家销售代理的保护政策。因此，在全球性的设备采购中，应选择合适的设备代理商，如在非洲的项目，部分类型设备在当地为国际设备制造商制定的高价格区，应直接选择邀请国内的代理商或者选择海外低价格区的代理商，曾经因为选择了非洲当地的代理商导致一批设备的采购价格整整高了10%以上，数额达到数百万元人民币。

2. 设备和材料选择

对于项目所需要的设备和材料，应超前计划，广泛了解市场情况，设备的能力和设备档次的选择要紧密结合项目所在地的气候情况、地质状况、设备所需完成的任务、使用强度、使用时间长短以及设备操作人员的技术熟练程度等情况，选择合适的、便于操作与维修、价位适中的设备，不能一味求先进的、耐用的设备而造成隐性的浪费。

3. 掌握当地法律、法规以及合同条件中涉及设备物资的内容

每个国家的法律、法规都有对设备物资的有关环保以及使用的强制性条款，在合同中可能存在对设备物资选择要求的内容，这些条款和内容会严重影响工程的设备物

资采购及使用。如在东南亚地区或其他较为发达地区的施工中就有对设备原产国的限制，可能存在因为限制导致不能使用价廉物美的中国设备。

4. 设备物资采购工作的计划性、超前性

在充分做好前期调查了解的基础上，根据工程进度计划制定合理的物资需求计划，并相对准确地将设备物资的型号、规格，进场时间，所需的数量等详细列出。作为国际工程设备物资管理部门应综合考虑所需设备物资的供货周期、报关、清关环节以及国内外陆路、海运等时间因素，特别是对于某些保质期较短的物资（如混凝土外加剂以及火工材料等），应制定合理的采购时间计划。同时，工程项目进度的变化导致物资供应的变化情况应及时相互沟通，防止出现所需物资缺乏或者积压导致报废。

5. 采购工作的系统性

采购工作的系统性包括集中采购控制、采购招标程序、评标程序和办法以及采购纪律的控制。将各项目设备物资按照时间段归类汇集，统一采购，同时在实际操作中要兼顾各项目的具体情况，如气候条件、地质状况、法律法规等，将特殊要求在招标文件的要求中体现出来，采用公开或者邀请招标的方式邀请合适的设备供应商投标。按《集团公司自主签约国外工程项目项下所需施工设备永久设备及物资采购实行归口统一管理的通知》和集团公司质量体系标准中的要求，严格执行采购程序，使招标采购活动始终处于受控状态。

评标工作是采购活动的中心，建立集团公司范围内的评标专家库，评标人员应在专家库中选择，按"生产上适用，技术上先进、经济上合理"的设备选型原则，制定定性与定量评审相结合的评标办法，并依据"公正、科学、严谨"的原则和招标文件的要求进行评标活动。

6. 采购中须注意的其他内容

为了保证设备在现场的使用，必须做好相应配件的采购管理工作，设备配件的消耗在项目的使用中既涉及使用成本的管理与控制，又是生产进度的物质保证。因此，配件的采购工作既要考虑成本控制和减少库存对资金的占用，又必须保证设备完好率。为此，在采购过程中，针对批量的设备引入了配件寄售的方式，在具体操作上，设备招标的同时让投标人同时报出项目使用周期内（使用的时间、工程量、使用强度在招标文件中予以明确）的各类配件消耗清单，并明确所提供的配件必须运到现场。在设备使用中如果需要更换，则由厂家现场服务人员确认，按照季度或年度结算，如项目完工则剩余配件退回供应商。由于采用配件寄售的方式，既让供应厂家能相对准确报出项目所需要的配件，又承担了配件采购的资金占用，使项目做到工程完、材料尽、配件清。

有关合同的签订上，要根据项目资金状况选择合适的支付方式，但并不是不遵守合同支付条款，而是根据设备物资供应商所在国家的贷款利率与中国的差异来确定。中国的贷款利率是发达国家的两倍左右，这意味着承担较高的贷款利息，今后偿贷还款的压力较大。设备采购一般在项目的启动阶段，为了缓解资金压力，对于来自发达国家的供应商，只要其远期信用证的利息低于中国的贷款利率，便可采用。

二、国内采购

在充分进行市场考察，结合本项目施工进度和物资需求，考虑巴基斯坦缺少相应物资，该部分材料由集团公司设备物资部（集采中心）和国内事务部进行国内采购，主要包括三部分：

1. 波形护栏

按照设计要求，波形护栏材料采用热镀锌工艺，而当地多采用刷漆或冷镀锌工艺，容易生锈、使用时间短、不美观。经过与当地经济比选，项目决定从国内进口，由集团公司设备物资部（集采中心）和卡·拉项目国内事务部组织在国内进行市场调查，最终在巴基斯坦卡·拉项目进行开标，选择江苏国强镀锌实业有限公司为中标单位，累计采购波形护栏材料3200余万元。由于国内进口波形护栏工艺先进，成为高速公路上一道靓丽的风景线，受到业主的极好赞扬，并在巴基斯坦进行广泛推广。

2. 生产能力有限不能及时供应物资

按照市场考察情况，结合当地往年市场供应、价格波动规律，及时掌握该类材料的供应能力，进行必要储备。

2016年下半年项目开始结构物施工，需采购约1000吨钢绞线。经了解巴基斯坦当地钢厂可以生产，项目招议标领导小组组织询价后签订钢绞线采购合同。由于当地生产规模有限，截至2017年6月份，当地企业仅供应了约450吨钢绞线，同时价格由108000卢比/吨，上涨到140866卢比/吨。项目部及时召开会议，与国内采购再次进行价格比选，同时考虑工期要求，决定在国内采购500吨钢绞线紧急供应。2017年8月国内采购的钢绞线到达巴基斯坦，组资后单价为127932卢比/吨，有效的保证了工期要求，同时节约了项目成本。

3. 当地不能生产或新材料采购

按照市场考察情况，当地不具备生产能力的主要有桥梁制品、沥青乳化剂、热熔涂料、交安系统及其他新材料等。应及时掌握该类材料的使用工期节点，进行国内采购。开累采购桥梁橡胶支座848块，价值1499940元；沥青乳化剂100吨，价值

1125000元；热熔涂料549吨，价值1734840元；路灯5667750元；防静电地板1080平方米，价值249982元；树脂瓦989991元。

三、所在国物资采购

1. 准备工作

与当地主要水泥、钢材生产厂家沟通；与当地地材协会沟通，了解地材生产区域加工能力、运输能力；与巴基斯坦国家炼油厂及主要油料供应商进行沟通，签订长期供货协议等。掌握巴基斯坦供应规律、市场价格波动风险，及时开展物资招标工作。

2. 地材采购

项目地材需求约600余万方。在与当地地材协会不断沟通的同时，项目每日派出10名以上试验人员蹲点装车，项目现场24小时收料；同时筹建自己的碎石场，确保地材及时供应。

卡·拉项目建设期间，在当地开累采购钢材及制品43000余吨，地材550万方，水泥21万吨，沥青68000吨，重油9200吨，柴油2500万升，有效的拉动了当地的经济发展。

四、国际货物运输和进口清关

（一）市场调查

深入调查材料市场情况、生产能力等与国内相同材料进行比较，经综合比较后确定所需设备、材料是否需要进口，并通过公开招标或邀请招标等方式确定供应商。进口货物到达巴基斯坦主要有以下三种途径：

1. 陆路运输

国内口岸为红旗拉甫，经中巴喀喇昆仑公路运输到苏斯特口岸，由于中巴公路路况不佳，每年中巴之间货物通关仅有5~6个月时间，在此期间受天气影响，有效通行时间大大缩短。

2. 海运

国内进口物资通常到达巴基斯坦信德省卡拉奇港口，海运时间一般为18~25天，采用班轮运输，可根据货物类型选择散货运输或者集装箱运输。海运定时定点定线，昼夜运行，运量大，风险小，运费较低，速度快，手续简便等，项目主要国内进口物资设备选择海运。

3. 空运

运送迅速，安全准时，节省包装，货物破损率小，保险和储存费用少，缺点是费用高，运输货物体积重量有一定限制，项目紧缺物资可选用该种运输方式。

（二）清关

1. 选择合作伙伴

按照统一管理对外经营业务的原则，无论是海外的总承包合同还是设备物资采购合同均由集团公司统一对外签订。根据我国法律的规定，具有对外经营权的法人才能进行出口活动，由于国际业务的任务量极大，必须另行选择报关及海运业务的代理单位。40多年的对外开放政策造就了很多拥有全球性业务规模的海运公司，有充分的选择余地，可以按照提供服务的招标程序选择规模较大、信誉好、可靠程度高及价格适中的海运公司。结合上场时项目的市场调查，最终选择Ryan Agencies（Pvt）Ltd作为合作清关及运输公司，该公司是一家实力强劲、有信誉、收费合理的当地公司，在项目历次清关过程中均圆满的完成了清关业务，未发生一起延误及纠纷，现已建立长期友好合作关系。货物到达巴基斯坦后一般在7~10个工作日内完成清关任务，再经陆路运输2天到达项目现场。

2. 合理避税，降低成本

在某些项目合同条款中，对于设备物资的进口有免税和征税的相应条款，而且所征关税有的进入工程成本，有的因免税而可以通过业主要求返还或者根本不征收关税。因此，对于非免税项目要根据所在国关税税率采取相应的策略和措施，这项工作也有一定的风险性，需要管理人员熟悉国际贸易实务，熟悉项目所在的海关法和各类产品关税税率以及所在国相同进口产品的海关记录，此项工作还需要国内业务人员和所在国从事清关工作的人员紧密协作，控制好工作中的每一个环节才能保证其顺利进行。

3. 出口退税的管理工作的重要性

为了鼓励我国产品出口创汇，提高国产机电产品及物资的国际竞争力，国家对出口的机电产品及物资实行出口退税政策，退税税率一般在14%左右。如按照国内设备物资采购占工程造价的20%计算，则退税部分占整个工程造价的2.8%，可见出口退税的管理工作对于国际工程来说是非常重要。

4. 退税方式的选择

在出口退税工作中，可以通过改变设备物资采购的支付地，选择销售方退税和采购方退税的方式，对于本身具有对外经营权的厂家在签订合同时，可以直接以退税后的价格签订合同，既可缓解项目前期的资金紧张，又可以因支付和退税的时间差异节省财务费用。

5. 出口退税工作的要求

为了保证出口退税工作的有效进行，需要业务人员熟悉有关出口业务知识，而对于刚"走出去"的企业来说，缺乏相应的人才。国家为了规范出口退税工作，有相应的管理程序，有关票据管理要求单单相符，单证相符，且有时限要求，以防止不法分子的骗税行为（这类事情在海关屡有发生）。因此，应选择专业人员或者学习能力较强的业务人员来从事这项重要的工作。

6. 应急处置

2018年4月份，项目从国内采购的第5批波形护栏材料到达巴基斯坦卡拉奇港口，由于巴基斯坦税务调整及负责查验的海关副关长人员变更，本批次货物要求额外征收5.5%的所得税。经项目设备物资部与清关公司的沟通，项目部负责联系领事馆经参处，开具企业性质等相关证明文件，清关公司人员飞赴伊斯兰堡联邦税务局（FBR）总部进行申辩并办理免代扣证明，通过紧急处置，最终海关减免所得税，货物得以放行。

五、现场物资管理

（一）管理模式

1. 实行统一领导，分级管理，逐级负责的管理模式

项目部成立设备物资保障领导小组，由项目经理任组长，两位班子副经理分别分管设备与物资工作；成立设备物资部，具体负责项目设备物资的采购、点发、日常管理等工作。设备物资部下辖物流中心，负责国内进口设备物资的清关、运输、仓储、进出库等工作；各工区成立设备物资管理办公室，负责现场材料的收发、日常管理、核算等工作。

2. 按照"一级管理，二级核算"、"大局指、小工区、多工班"的模式建立物资管理制度

（1）项目设备物资管理实行"项目部、工区"两级管理体系，上级设备物资部门对下级设备物资部门的业务实施监督、检查、服务指导。

（2）项目部设1名副经理分管物资工作，项目部设立设备物资部，工区设立设备物

资科，并委派专业物资管理人员。

（3）各级单位要成立设备物资管理领导小组，由分管领导任组长，其他成员由相关部门负责人组成。所属单位负责制定本级各项设备物资管理实施细则，组织开展各项设备物资管理工作。

（4）物资管理人员要相对稳定，确需调动，经项目部设备物资部、所属单位分管领导同意，双方书面交接工作，所属单位负责人监督并签字确认。设备物资管理岗位不得使用国内外聘人员及巴基斯坦当地人员。

（5）建立健全物资台账，会同工程技术部、计划合同部、财税部做好物资核算工作。

（6）建立国内外物资采购供应链，不断完善供应链的每一个环节。

（二）集中采购

按照项目部"一级管理，二级核算"的指导思想，项目所需的物资材料90%由项目部集中采购，有效降低采购成本。由工区自行采购的材料，设备物资部经过充分的市场调研给出指导价，工区采购不能超出指导价。

经调查决定在国内采购的物资，由设备物资部配合集团公司集采中心做好物资采购的各项工作，国内事务部全程参与国内采购物资的招标采购、验收发运工作。在巴基斯坦当地采购的物资，项目设备物资部推荐合格供应商，项目物资招标小组组织相关人员招标、评标、评价、确定合格供应商。项目部各部门，各工区监督项目设备物资部与供应商签订采购合同。

项目部设备物资部负责A、B、C类物资的组织供应、结算。各工区负责材料进场验收、保管、分发及现场管理。D类物资由工区负责，工区组织工区物资管理人员进行市场调查，将调查结果上报项目物资部，项目设备物资部确定指导限价，工区组织议标，评标，确定中标单位，签订采购合同后由各工区自行采购，报项目物资部备案，材料费用由项目统一支付。

（三）采购过程合理决策，确保工期要求

为满足施工生产，根据情况及时调整供应策略，确保材料及时供应，保证正常施工。

1. 沥青采购

当地多选用吨袋包装或者桶装销售及运输，需额外采购溶解设备，同时沥青在溶解过程中会造成3%～5%左右的浪费及环境污染。当地满足质量要求的供应商只有2

家，经过与供应商多次谈判，要求其使用散装沥青运输车进行供应；同时受供应能力影响，为避免停机待料，沥青站均额外设置300t沥青储存罐，每月及时对供应商进行走访，确保沥青能够及时供应。

2. 重油采购

主要为沥青站骨料及沥青加温使用。巴基斯坦重油使用范围广，标准不一。为避免供应商供应燃烧值低、燃烧烟尘大的小炼油厂产品，项目部与巴基斯坦标准油气公司（PSO）签订采购合同，以预付款的形式锁定供货数量和质量标准。

（四）物资现场管理

砂子、碎石、水泥、外加剂、钢绞线、油料等，采用过磅验收；橡胶支座、锚具等采用点数验收；木材采用检尺验收；钢材除盘条过磅验收外，其他钢材过磅和检尺相结合，以过磅数量核对钢材的负公差，将其控制在规定的范围内。凡是过磅验收的，磅差允许值为±3‰，超出3‰时，以项目磅单数量为准。

项目物资库房设置在物流中心，其工作内容包括：入库物资的点验、卸车、堆码、标识、保管和分发工作。分露天存放区、彩钢大棚存放区、集装箱或砖房结构存放区。

1. 物资到场，仓管和采购员现场交接，认真清点入库物品的数量。检查物品的规格、包装、质量，做到数量、规格准确无误，包装、质量完好，配套齐全，签字手续完善。

2. 物资入库，按照不同的材质、规格、功能和要求，分类、分别储存、堆码整齐。

3. 物资数量准确、价格不串，做到账、卡、物、金相符。

4. 定期对库存物资进行清查，建立准确有效的物资台账。达到以物查账、以账对物、账物相符，账账相符的要求。

5. 物资出库，仓管人员做好记录，领用人签字。

6. 物资出库实行"先进先出"的原则，做到先进的材料先出，保管条件差的先出，包装简易的先出，易变质的先出。

7. 仓管员做好出库登记，每月向项目设备物资部提交出入库台账。

8. 物资点发料手续齐全。材料点发必须有相关业务部门和领导的批复并严格实行限额发料。

9. 出现账、物不实的情况，仓管员按照原价赔偿。

第五节 工程设备管理

一、工程设备国内、国外采购及租赁

1. 设备上场筹划

项目上场伊始，项目领导及设备管理人员即对投标文件进行深入研究，组织人员进行市场调查。走访在巴中资企业，了解市场采购资源、设备保有量、租赁资源；项目部及各工区上场设备管理人员对项目所在地周边城市进行调查，包括拉合尔、费萨拉巴德、伊斯兰堡、卡拉奇等城市。主要调查内容是工程设备生产企业、租赁企业、机配市场的设备及机具供应能力、租赁资源；同时了解当地司机、操作手资源情况及操作能力等。

2. 巴基斯坦现状

当地土方及结构物施工队有一定的作业水平，设备保有量还是比较丰富的。路面沥青施工搅拌站、摊铺机等专用设备资源比较少。土方作业设备数量较多，但是机况比较旧，一般使用十年左右的设备居多。好处是设备基本上均是欧美及日系知名品牌。对于巴基斯坦不能生产的设备，国家鼓励进口，关税等也相对较低。

3. 采购决策

基于调查情况，经综合分析对比，确定以下方案：

（1）选择合适的施工队自带设备对土方作业进行分包；

（2）对于当地分包队伍不能满足的缺口设备及重点设备在国内组织招标；

（3）考虑路面施工设备的非通用性及施工要求，采取属地招标、国际采购；

（4）设备采购环节，考虑近两年国内工程机械市场低迷，在招标采购及合同谈判、签订阶段要求供应商改变传统一年质保期的要求，使设备质保期延长到两年，同时增加售后服务人员的驻场服务期限，在节约成本的同时增强了对设备的保养维修力量；

（5）结合工期、阶段性施工需求，最大化降低成本优化采购计划。项目基于成本做出优化设计采购，使最终基础类通用设备采购量为投标文件的1/4左右，路面设备为投标文件的1/2左右。

4. 设备国内、国外采购

工程设备采购包括国内采购与属地采购两部分，开累采购各类工程设备、测量与试验仪器等共计712台套，设备组资后原值约3.46亿人民币。其中主要施工设备均是国内采购，数量510台套；指挥车辆、小型柴油发电机、钢筋加工设备及部分测量与试验仪

器类等考虑维修保养的便捷性，均是在属地采购，数量202台套。

严格按照施工组织设计的工期要求组织招标，避免资金大量占用，同时能够合理决策，不断优化。 通过优化设计结合实际工艺要求，减少8套粒料拌合站的采购改为地材采购统料、挖机现场拌合；按照每套粒料站配备4台装载机计算、又相应地减少了32台装载机的采购。

大幅度降低土石方施工的通用类设备车辆的采购数量，使用属地设备车辆资源，在满足施工需求的情况下，减少了设备车辆购置的资金投入。统计数据显示，项目自购设备车辆共计712台，而在2016年11月份施工高峰期，设备日报中的设备车辆投入的总数量是2788台，新购设备车辆的投入仅为工程需求总数量的25%。

5. 设备租赁

租赁设备的市场调查、招标或议标工作由工区设备管理部门组织实施，项目设备物资部对租赁机械设备的可行性、合同及租赁方式、单价进行监督审核后给出租赁指导价方可签订合同。设备租赁合同必须列明设备的名称、规格型号、生产厂家、机况、数量、单价、金额、结算方式及时间、运输方式、进场时间、租赁双方的权利义务及违约责任等事项。

设备租赁要求做到工区申报、项目部审批，每月工区按照合同约定的租赁时间及油耗、金额填写结算单，同时附操作司机及工班负责人签字的作业台班记录，加油记录等，由项目设备物资部审核无误后报财务进行代付。

二、工程设备的现场管理

1. 建立有效的管理体系

项目部设备管理人员，是整个项目设备管理工作的主管部门，负责本项目设备的采、供、管、算及设备维修管理等业务；工区设备管理人员，配置设备主管工程师。负责设备的日常管理及维修，负责维修间的管理，负责设备租赁计划的审报与日常管理，负责单机单车核算资料的收集、整理及上报，负责零星配件及机具的采购。

2. 台账管理

建立健全各种台账，包括：自有设备台账、外租设备结算登记台账、设备采购合同台账、测量试验仪器采购合同台账、设备调配通知单台账、付款台账、供应商发函来函台账、会议会签单台账、设备检查记录台账、厂服人员登记台账等。

3. 检查与考核

坚持每月检查一遍主要施工设备，每季度对工区设备组织考核，包括内业和外业。

内业考核：单机单车核算执行情况、油料配件消耗情况、与司机操作手工资奖金挂钩情况、设备维修保养记录、设备安全运转记录、台账管理、租赁台账及租金支付、司机信息及一人一机台账管理、各种业务报表等。

外业考核：机容机貌、期内有无事故、对现场管理能力、设备维修保养情况等，通过检查与考核有效的保证了设备的正常使用。

三、设备维护与保养

（一）配件供应

1. 采购原则

根据集团公司多年的海外设备管理经验，新购设备1年期配件使用不超过设备原值10%，项目结束库存不超过设备原值5%来进行控制（图6-1）。

图6-1　配件库存

2. 采购模式

签订设备采购合同的同时签订配件供应协议。这样做的好处是随设备到场的配件关税低，同时投标时供应商为了中标的迫切要求，对于一年期备品备件的种类、数量及单价都会合理进行报价，接受到场配件使用多少结算多少的条件。

3. 运输方式

以保证现场使用为原则，以成本最低的海运方式为主，路运及空运相结合的方式来操作。要求厂服和设备管理人员根据配件日常消耗情况，一般提前两个月做出配件补充计划；对于大的维修配件采用陆地运输，小的根据实际情况由国内上场人员携带或者选择空运。选择空运的配件根据清关时间、关税等再考虑选择通过DHL快递运输还是国内带货公司人员携带。

（二）设备操作司机、维保管理

1. 制定拟选聘人员基本条件、专业技能等标准，在巴基斯坦当地熟练技工中进行

图6-2 人员培训

图6-3 精选的操作人员

招聘，安排厂服及设备管理人员制定培训手册进行现场培训（图6-2）。

2. 拟选聘设备操作人员应具备以下基本条件

男性，年龄20周岁以上，50周岁以下；具有其应聘机械设备2年以上操作经验；车辆驾驶员要有相应驾照并具有手动挡车辆驾驶2年以上的经历；身体健康，无妨碍从事本工作的疾病和生理缺陷；责任心强、吃苦耐劳、尽心尽责。

3. 拟选聘设备操作人员应具备以下专业技能

熟知设备性能和安全操作规程；能独立完成设备的日常维护保养；能在同事协助下完成设备定期保养、走合保养、换季保养；能检查并排除设备、车辆的一般故障（图6-3）。

4. 采用厂服+中方管理人员+当地修理工的模式

设备招标采购时，要求供应商的报价均包含境外售后服务费用，且要求生产厂商质保期两年。正是如此，项目在两年多的施工时间中，现场每天有30多位厂商服务人员提供现场维修与操作指导服务，极大地保证了设备完好率。

5. 项目设备管理人员及厂服对当地劳务进行现场培训，培训内容包括：设备操作规程、设备启动运转前检查、设备运转或行驶中的常识、设备停放安全等内容。

（1）操作流程

各工区依据项目设备计划及到场时间，提前招聘相应的设备操作手和车辆驾驶员，并保有富余人员，便于考核和筛选；需自行组织对选聘的设备操作人员从责任心、操作技能、维护保养到故障检查与排除等方面的培训及考核，对考核不合格人员坚决不安排上岗；项目部配发设备时需对各工区安排的设备操作人员再考核，对无合格操作人员的设备坚决不予配发，考核合格的操作手和驾驶员严格遵循"一人一机（车）"的原则按计划发放；设备进场后组织供应商派驻现场的售后服务人员对定岗的设备操作人员再进行进场专项培训（图6-4、图6-5）。

（2）培训内容

①设备启动运转前检查

发动机机油是否足够？缺则补足还要分析原因；水箱散热器是否加满水？缺则补足还要分析原因；各个黄油润滑点是否加足了黄油？没有黄油不能工作；检查转向、刹车及其相应指示灯是否正常工作？故障及时修理；轮胎式机械和车辆还要检查轮胎气压和轮胎螺丝，跑长途前还要检查备胎和随车工具是否齐全；有没有其他故障，若有就及时通知工班长安排修理；是否达到保养周期，快要达到时请提醒工班长安排及时保养；检查一切完好后填写《每日检查表》并签字认可。

图6-4　机械手现场培训1

图6-5　机械手现场培训2

图6-6 机械使用过程中检查

②设备运转或行驶中的常识

在检查一切正常后才能启动发动机，在发动机温度上升到40℃以上才能启动设备和车辆，杜绝启动就跑的损害设备做法；设备起步开动时动作要缓慢，禁止猛加油门，损害发动机；设备运行中要集中精力，杜绝接听电话、抽烟等小动作，影响行车安全；熟悉道路条件，遇见紧急情况不慌张，合理应对。汽车驾驶员要记住紧急情况的处理口诀："急刹车，缓方向"杜绝事故发生；熟悉所驾驶车辆机械的性能，掌握外形尺寸和重心高度，弯道或超车时一定要把握好车速和距离；运行中要集中精力，及时发现和检查故障，若发现故障停靠路边，前后做好警示，及时通知工班长安排处理；熟悉额定载重量，车辆设备不能超载、超负荷运转；空调驾驶室要按规定开关空调，发动机温度正常时才能开启，关停时必须先关空调后再熄火（图6-6）。

③设备停放安全

机械设备场地要求平整，要按规定停放整齐；避免坡道溜放、水灾、火灾和偷盗等事件的发生；打扫外观卫生，擦洗干净，驾驶室内、设备外表保持整洁；检查润滑部位，按时加注润滑油；对有故障现象要及时通知工班长安排修理；每周上一次地沟，检查底盘情况；收车时例行检查，尽量避免重载停放，无法避免时注意所载货物安全看护，及时与营地沟通；爱惜自己驾驶的车辆设备，互相帮忙照顾；熟记保养周期，按时保养维修设备和车辆。

通过以上的做法，达到了很好的使用效果。例如：项目从国内采购的车辆类到达卡拉奇港口后，由项目部设备管理人员组织现有的当地司机从港口直接将设备开到项目现场，大大减少了运输费用。最终使得从国内及巴基斯坦属地采购的657台套设备基本上均由巴方司机操作，减少了人工成本的支出。

第六节　工程质量管理

一、项目质量管理概述

为确保工程质量，在联合体项目经理部、各工区经理部以及各综合施工队分别设有质量管理部门，配置了专职质量管理人员及专职质量检验人员。在领导层中确定技术负责人为质量负责人。在每个施工班组中，设有兼职质量检验人员。同时，在三级质量管理部门中，成立了质量管理领导小组，各单位主要负责人（经理/队长）任组长，技术负责人任副组长，各部室领导、工班长为成员，质量管理领导小组办公室设置在各单位的安全质量部。

质量管理领导小组、专职质量检验人员以及班组兼职质量检验人员构成了日常质量管理组织体系，从原材料、工序质量开始层层把关，确保工程质量。

二、设计质量管理

卡·拉公路Ⅲ标项目合同模式为EPC，采用FIDIC合同条款（银皮书），合同中约定设计工期为4个月，设计单位既是投标阶段的合作方，也是项目实施过程中的乙方。项目于2016年1月29日签订合同，2月19日下达开工令，开始计算合同工期。开工令下达后，和设计单位谈合同的同时，组织设计人员进场。最终确定的设计合同为中交一公院和Zeeruk（巴方设计公司）组成设计联合体，中交一公院为牵头方。

由于项目有一定的政治要求，工期紧，在4月中旬即开始土方试验段施工，项目长期处于边设计、审批，边施工的状态，如何保证设计进度和设计质量给设计管理带来了很大的挑战。由此，项目部对设计进行了全盘规划，并采取了以下相应措施。

1. 超前设计策划

（1）明晰设计原则：按合同要求采用美国规范和巴基斯坦规范，考虑施工的便利性，剔除不适合巴基斯坦情况的清单项，适当减少部分单价较低项目的工程数量，降低总造价，预留变更空间。

（2）明确设计流程：确定总体设计方案（CR20G、ZKB、CCCC、Zeeruk四方）→设计联合体负责详细设计→中交一公院国内质量部审核→项目部内部审核→上报业主审图单位审批→现场施工。

（3）明确设计组织机构和分工：设计是EPC合同的核心，项目总工是设计的灵魂。总工负责设计总体规划、进度以及和业主、地方政府的沟通协调；专职设计管理人员（项目部）负责具体设计方案、细节的沟通；设计联合体负责具体设计，负责AER审图单位、业主设计GM的沟通。

2. 增强设计沟通能力和组织管理能力

项目参建单位众多，联合体模式普遍，且巴基斯坦普遍效率较低，审批流程较长，因此，有效的沟通是保证项目顺利进行的关键。本项目施工方是中巴联合体（CR20G-

ZKB JV），设计是中巴联合体（CCCC–Zeeruk JV），业主咨询单位是巴韩联合体（四方），还有内部咨询单位（ACC，Zeeruk），业主质检单位（PMU）等。

设计过程中需与合作方ZKB、AER、NHA、PMU、设计GM等单位进行沟通，还需与外部地方单位如水利部门、地方公路局，公共事业局、地方政府等部门进行沟通。通过加强沟通，培养了一批懂工程、懂设计、懂语言、懂合同、懂美国规范的技术干部。

整个设计过程的沟通以项目总工为龙头，集多方力量，采取多种形式，借助各种会议及时处理设计过程中存在的问题，整个项目设计进展顺利，未因为沟通、组织的问题造成图纸审批过慢，影响现场施工。

3. 设计过程中采取的特殊措施

在设计基本原则确定，送审图纸经公路局、审图单位基本同意，批复版图纸未下发的条件下，提前施工，风险由项目部承担，这样大大提前了工序的开工时间。这都是基于每一环节细致的工作和强大的自信。

雇佣巴方专业设计人员，部分设计报告当地委外，充分利用当地设计力量，使设计图纸更符合当地设计习惯，审批过程更顺利、通畅。项目设计过程中，高峰期聘用当地设计人员达10人，委外咨询报告6次。

4. 通畅的沟通和会议机制，及时优化设计方案

定期召开专题会议，解决重大、疑难设计方案。建立设计、工程人员交流在线平台及时沟通；设计代表常驻工地，随时解决现场问题。

通过专题会议，与多方沟通，确定符合实际情况，方便施工，节约投资的一大批设计方案，并成功实施。主要包括：

（1）路基填筑材料方案优化（填土路基优化为土包沙路基）；

（2）水中桥桩柱方案优化（群桩+承台优化为独桩独柱）；

（3）超高段排水方案优化（集中排水优化为散排）；

（4）通道、涵洞长度优化（斜交优化为正交）；

（5）边坡防护方案优化（浆砌片石变优化为空心六角块）；

（6）路面厚度变化方案（80cm优化为75cm）；

（7）智能交通系统优化（14项优化为8项）；

（8）硬路肩路面结构层优化（5cm磨耗层优化为3cmTST）；

（9）服务区土方量优化（厚度由3m优化为1.5m）等。

三、施工质量管理

（一）工程质量保证体系和管控措施

项目采用美国标准、巴基斯坦公路施工规范，为了尽快适应标准，掌握规范，同时根据合同要求，项目聘请了当地知名咨询公司作为项目的质量监督（QA）团队，完善项目质量保证体系。项目质量保证体系按照QA、QC分别开设置，并接受业主代表助理AER监督。

首先，建立了以项目安质总监分管，安质部与第三方监理咨询业务对接的企业内部质量监督管理体系，在项目部层面设立由第三方组建的监理总站，配置8名咨询监理，在工区层面由第三方设立驻地监理站，每个驻地监理站6名咨询监理，各工区自行配备驻地监理助理各4人，测量试验监理助理各6人，QA质量监督团队总人数67人。

其次，强化内部质量控制QC体系，由项目总工程师分管，各工区总工程师负责，工程部各专业工程师检查、监督，工班长落实的内部三级质量控制体系，并接受QA监督体系平行监督。

工程施工的每道工序由QC质量控制团队100%自检并接受聘用的第三方监理咨询主导的内部质量监督QA团队100%见证，其中15%由业主代表助理（AER）质量咨询管理团队随机抽样见证。

每道工序的质量控制要点由项目部工程部以文件形式下发各工区，交底并监督落实。

工程部各专业工程师，按照分工，每月超过二分之一的时间现场检查具体施工方案的落实情况，通过监督、检查、指导和现场培训的方式确保施工方案得到落实，对现场落实不到位造成质量问题的，根据相关质量管理办法处罚，并跟踪质量问题的整改落实，通过一系列的质量管理措施使施工实体质量始终处在有效控制状态。

（二）工程创优目标

牢固树立"百年大计、质量第一"，"质量是企业的生命"，"质量责任重于泰山"的思想观念，"质量第一、信誉至上"的企业宗旨，明确提出确保省部级优质工程，争创"国家优质工程"的奋斗目标，与建设单位、设计单位、监理单位共同建立健全了工程质量保证体系，成立了创优工作领导小组，制定了创优规划和具体的创优措施。

（三）工程质量控制措施

开工伊始，集团公司选配了强有力的项目班子和管理团队，施工队伍优中选优，建立健全质量管理机构和制度，制定了严格的质量措施。合理配置资源，并将总目标层层分解，落实到每一个具体岗位。工程质量控制主要采取以下12项措施：

1. 对设计文件和图纸进行会审，充分理解设计意图，明确质量要求，提出优化方案。

2. 先后制定了《工程质量管理办法》《工程质量责任制度》《创优规划》等26项管理办法和制度，使施工管理做到了标准化、制度化、科学化、规范化。

3. 分析施工潜在的质量隐患缺陷，制定纠正与预防措施，避免或克服了质量通病的发生。

4. 分析环境污染因素和危险源，制定预防措施和管理方案，通过作业指导书、技术交底及施工过程中贯彻实施，确保施工零污染，未发生任何质量安全事故。

5. 层层签订质量安全包保责任状，制定内控质量标准，严格质量"三检制"，未发生任何质量安全事故。

6. 加强技术交底和业务培训，提高员工技术水平和操作技能，严格执行特殊工种持证上岗。

7. 积极推广应用"四新"技术、全面实行首件工程认可制度，确保施工质量。

8. 加强原材料的质量检测与试验，采取先试验后推广的方式进行施工，取得成功工艺方案后，再进行大规模施工。

9. 实施全方位、全过程的质量监控，实行质量一票否决权。

10. 定期、不定期地进行现场质量检查和数据统计分析，以发现质量改进的可能，不断改进施工工艺、作业指导书。

11. 加强劳务用工的管理，将劳务人员纳入内部员工统一管理，没有发生一次拖欠劳务工资的行为，确保了施工生产的顺利。

12. 开展"百日大干""双创双优"劳动竞赛活动，比进度、比质量，确保节点工期目标。

（四）内部监理模式

在常规的外部监理的管理基础上，项目部聘请了当地专业的ACC联合咨询中心（Pvt.）有限公司进行内部监理，对标国际监理标准，全程自我监督，严格自我把控，提高了施工质量的控制力度，更好地对接了各个相关部门。

（五）资源配备保障

巴基斯坦资源匮乏、生产力发展落后。为满足合同标准要求，果断决策，采取"加大投入、高于常规"的策略，优化资源施工组织。在国内采购了各类大型设备，如拌合站设备、路面摊铺机、钢轮及胶轮压路机、滑模摊铺机、挖掘机、推土机、臂架泵车、各类运输车、汽车式起重机等总价值3.5亿的设备，确保了在合同工期提前3月完成。

（六）施工测量措施

配备了高精度的全站仪（徕卡TS09）、GPS（天宝R8），并使用BIM技术对桥梁、钢结构雨棚及服务区地下综合管线进行建模，计算线性控制的各个要素，保证施工测量和施工精确控制。

（七）路基填筑施工措施

项目所地为平原地区，无石料产地，当地市场料石强度低、品质差。项目部按照设计要求，与当地政府及民族宗教等部门沟通和协商，对项目沿线进行实地勘察，经过各方实地论证开采路基填料并建立了碎石加工厂；还与沿线城市环保部门联系，获取城市建筑垃圾，使建筑垃圾的处理标准化、环保化。

项目沿线地表覆土厚度薄，多处段为沙漠地段以粉砂、粉细砂为主，路基填料稀缺，为保护耕地资源，减少对土地资源的破坏，充分利用当地填料资源，参照国内外相关规范及施工经验，减少土方运距并局部充分利用当地材料填筑路基—填砂路基。在路基填筑过程中，严格按照"三阶段、四区段、八流程"的施工工艺组织施工，降低工程造价，特殊地段采用黏性土包边的填砂路基，确保了路基质量。

（八）钢筋智能加工措施

采用KZ2L32型双机头钢筋弯曲机和TGC2500型钢筋笼滚焊机对构配件钢筋进行加工，具备自动识别故障、自动进行图形编辑和自动计数等显著特点；采用钢筋直螺纹机械连接技术，有效避免了传统电弧焊工艺造成的有害气体、强光等污染，节约材料，实现环保施工。

（九）沥青施工措施

当地自然气候环境恶劣条件，夏季极为炎热，年均雨量低于250mm。项目上场后建立了大型混凝土、沥青拌合站集中拌合，根据施工实时气候条件及时优化混凝土和沥青配合比，施工过程数据实时传输。试验室、拌合站等采用信息化监控系统，实时采集施工过程各类数据并上传，严格执行原材料、半成品、成品进场检验制度。为保证沥青铺摊施工质量的控制，采用了高效能、低消耗、精准布料超强找平的维特根系列福格勒沥青摊铺机，有效的控制了水化热，提高混凝土、沥青的强度和耐久性，确保了施工质量。

第七节　工程安全管理

一、安全管理目标

项目将"不发生一起人员重伤及以上事故"作为安全管理目标。

二、安全管理体系

项目施工安全管控体系运行有效，规章制度健全，人员配置到位，按照"一岗双责"的要求，坚持"管生产必须管安全，管生产必须保安全"的理念，成立了各级安全领导小组，项目部成立了以项目经理为组长，生产副经理常务副组长，项目部其他领导为副组长，各部室和工区及碎石场负责人为组员的一级安全领导小组。各工区成立了以工区经理为小组长，工区其他领导为副组长，工区各相关负责人和工班长为组员的二级安全领导小组。项目经理全面领导项目安全管理工作，生产副经理主抓安全生产管理工作，总工程师负责安全技术方案，安全总监执行安全监督职责。

工区和碎石场经理全面领导工区和碎石场安全管理工作，直接管理到各工班。工班长全面负责工班的安全管理工作。按照"大项目小工区大工班"的原则，配置了专职安全人员，项目部4名，各工区各有1名中方专职安全员（工区根据需要增加巴方专职安全员），每个工班有1名兼职安全员，重点安全风险控制点每个工班最少配置1名专职安全员（如跨公路的桥梁施工，架梁和桥面系施工等）。项目高峰期专职安全人员46人（项目部4人，4个工区有36人，碎石场6人），安全包保责任制落实全面到位。

三、安全管理制落实

安全包保责任制落实全面到位；班前讲话、工前教育和工后总结工作持续有力；安全宣传教育长期开展；各种安全隐患排查和消除常抓不懈，强化对本项目的安保管理、火工品管理、架梁作业、高空作业、机械设备运行和交通安全等的重点管控。项目整个建设过程中，安全生产持续可控，杜绝了重伤及亡人现象，没有发生等级生产安全事故，也没有发生重大负面影响事件。

四、安全管理十大黄金准则

1. 上班期间严禁饮酒和使用违禁药物。
2. 行车必须使用安全带和遵守限速规定。
3. 进入施工现场必须个人防护用品齐全。
4. 起重作业区禁止入内。
5. 高空作业必须系安全带。
6. 发生任何事故必须上报。
7. 特种作业人员必须经过培训，考核合格，持证上岗。
8. 任何工序必须进行任务风险分析和安全交底，经许可方可作业。
9. 工班必须每日进行班前安全行为对话，班后安全小结。
10. 不得保存、使用、支付大额现金。

五、班前教育

项目班前教育推行DSS安全对话，工人每天上班前，利用10-15分钟时间，由队里队长、安全员分别阐述今日工作内容，并针对每一项作业内容向员工阐明，其中的风险并提出保护措施，也可阐述昨日产生的安全问题。允许员工进行观察并提出他们在了解活动的过程中所产生的疑问。DSS中要检查工人PPE穿戴情况，胸牌等。每人需在DSS签到表上签字，每天只许签一次。

六、职业健康管理

针对项目职业病危害特点，加大对重点单位、重点人群的监督检查力度。认真履行职业健康监管职责，加强职业病危害评价、工作场所职业健康和职业健康监护等监督检查。督促并协助基层单位开展职业健康宣传教育和培训；督促纠正违反职业病防治法律法规、侵犯劳动者合法权益的行为；对产生严重职业病危害的，向项目部领导及有关部门建议采取强制性措施，切实保护劳动者权益。积极探索职业病防治监管新举措，开展职业病防治示范单位创建活动，将职业病防治的主要指标纳入安全生产考核项目。

普及职业病防治法律法规知识，提高学法、守法和依法维权的意识。加强对基层领导干部和基层单位主要负责人、管理人员及广大劳动者的宣传、教育、培训。存在职业病危害的基层单位负责人、劳动者职业健康培训率达到100%，实现全员培训。

第八节　环境保护管理

一、项目环保管理目标

1. 工程实施过程环保要求

在工程实施过程中，严格遵守有关环境保护署正式批准的所有环境管理计划的规定。保护自然景观，并且在建造施工过程中，尽可能地避免对施工现场附近的自然环境造成任何不必要的破坏、伤害或污损，需要拆除永久工程、已批准的临时工程，需要开展挖掘作业的情况除外。应保持所有树木和植被的原始状态，并保护它们免受施工作业和设备的破坏。工程完成以后，应对可能由施工造成的局部破坏或损毁进行平整和分级，然后按照业主的要求，由施工方出资进行修复、补种或以其他方式进行修补。

2. 料场环保要求

料场的位置及其施工应不能损害工地将来的用途及价值。施工完成后，料场应保持安全和干净整洁的状态。任何料场不得位于道路250米以内的范围之中。在合同要求的施工过程中，施工应尽可能采取有效措施减少扬尘，并防止在施工过程中产生灰尘。对于废水处理，除了为工人宿舍等处提供单独的化粪池外，还要根据化粪池中流出物的实验室检测结果，采用碎石排水渠或建造湿地的方式，对其进行二级处理。

3. 临时用水、排水环保要求

采取一切必要措施，防止发生淹水情况，或在地面、水沟或水渠中沉积泥沙，从而防止对附近的土地或房屋的表面或内部造成不良影响。施工方应修建临时排水沟，分层的污水坑，在任何必要的地方阻止工地的排水排入目前的排水管、沟渠或河道。施工方应清除因施工而造成的可能堆积在任何土地或任何排水渠、沟渠或河道或任何其他房屋中的所有沉积物。

所有施工包括地下水位以下的施工都应在干燥的情况下进行，除非另有说明。施工采取的将水分排入正在施工的基坑、正在浇筑混凝土的部分和其他施工部分的措施，以及水分的收集和处理方法，必须征得业主代表的同意。这些措施可能包括临时围堰、井点系统、泵、排水沟渠、水槽和其他公认的方法。

排入基坑的水应通过沟、排水层或开放的节理排水沟排入坑中，便于以后用泵将其抽出。除非事先获得业主同意，否则这样的坑道排水渠或砂石一般只用于清理永久工程。如果就上述事项征得业主代表的同意，需要在永久工程的下面或距离永久工程非常近的地方挖排水沟渠或水坑，则必须设置含有砾石堆的开放的节理排水沟。当不再需要这些设施，并获得业主代表的同意时，将会通过压力将水泥/砂浆压入这些位置，以便彻底填补管道和所有空隙。

4. 施工方应在工程的实施、完成和任何缺陷的修补过程中，遵守巴基斯坦的环保法律法规。

二、环保管理体系

1. 成立以联合体项目经理为组长的环境保护领导小组，对施工现场的施工进行监督、指导、检查，对违反环境保护要求施工的行为，有权责令限期整改或停工整顿，甚至处罚。

2. 各标段项目部成立环境保护领导小组，负责各施工区域内施工。

项目部聘请了专职巴籍环保工程师，加大与业主对接力度，积极配合落实各项环保措施，确保了施工沿线"原生态"。沿线取土一律按规定远离红线，农田取土适度适量并及时回填平整，保证了正常耕种。同时主动与土地、水利部门接洽，与地主友好协商，提前布设水网管线，确保灌溉不受影响。施工现场建筑垃圾按要求回收二次利用。在生活方面，各驻地中巴双方员工饮用水都经过当地防疫部门严格检测，都设置了垃圾集中回收清理点。项目自开工到交工没有发生一例环保事故，达到了预期目标。

三、环保管理

（一）噪声的防治措施

1. 在可供选择的施工方案中尽可能选择噪声小的施工工艺和施工机械。

2. 对施工机具设备进行良好维护，从声源上降低噪声。施工过程中设专人定期进行检查、维护、保养，如发现有松动、磨损，及时紧固或更换，以降低噪声的同时保证施工过程中处于良好的运行状态。

3.对噪声大的机械，尽可能安排远离周围居民区一侧，从空间布置上减少噪声影响。

（二）粉尘的污染防治措施

1.配备足够数量的洒水车以保证将汽车行走施工道路的粉尘控制在最低限度。

2.定时派人清扫施工便道路面，减少尘土量。

3.对施工场地定时洒水，并为在场的作业人员配备必要的劳保用品，对易引起粉尘的细料或散料应遮盖和适当洒水，运输时应遮盖，汽车进入施工场地减速行驶。

（三）水污染防治措施

1.施工现场食堂、餐厅设隔油池，生活污水经隔油池沉淀后排入污水管网。隔油池应及时清理，并送到指定的地方进行消纳。生活垃圾运出现场前必须覆盖严实，不得出现遗撒。

2.混凝土输送泵及运输车辆清洗处设置沉淀池（沉淀池的大小根据工程排污量设置），经二次沉淀后循环使用或用于施工现场洒水降尘。

（四）固体废物的防治措施

1.施工期间固体废弃物分类定点堆放，分类处理。

2.施工期间产生的废钢材、木材、塑料等固体废料回收利用，严禁将有害废弃物用作土方回填材料。

（五）其他环保措施

1.建立健全环境工作管理条例，积极开展创绿色示范工程。

2.对地下管线妥善保护，不明管线事先探明，严禁野蛮作业，施工中发现文物，停止施工，采取有效封闭保护措施，并及时报请业主处理。

3.施工期间防止水土流失，做好废料石处理，做到统筹规划、合理布置、综合治理、化害为利。

4.建立公众投诉电话，主动接受群众监督。

第九节　社会治安管理

一、社会安全管理概述

卡·拉高速项目所在地属于巴基斯坦安全警示橙色区域，安全形式严峻。针对巴基斯坦严峻的安保形式，坚守"内紧外松"的安保管理理念，强力推行"准军事化"管理模式。在与当地群众及巴籍劳务关系处理上，把部队的"三大纪律、八项注意"应用于本项目。严格执行"一切行动听指挥"，"不拿群众一针一线"等规定。充分尊重当地群众的宗教信仰和风俗习惯，充分尊重巴籍人员。做到"不扰民""不欺民"，友好相处，"秋毫无犯"。与沿线群众、巴籍员工、警察、保安始终保持着和谐、良好的关系。

二、建立安保体系

（一）建立安保体系

项目部在加强与国家外事部门的联络基础上，建立健全警察、专业保安、内部防恐三层安保体系，建立了与巴国各区域警方和中国驻巴使馆的联系制度，及时沟通有关情况。配置专业安保保护，在本部设立了安保专员岗位，项目14个驻地都能严格落实巴基斯坦内政部针对中国人的安保要求，设置了警察、专业保安、内部防控三层安保体系。全线共配置警察810名，警车36台，专业保安近300名，24小时巡逻检查，保证了中方人员驻地和施工现场安全。

（二）安保工作的制度

项目部根据巴基斯坦社会治安状况和安保要求制定针对性《项目安全保护专项预案》，明确项目安防重点，建立安保组织体系，以文件形式规定项目安保规划，制定《巴基斯坦上场人员行为指南》《项目安保规划》《中国人安全保护专项方案》等安保管理制度。根据"党政同责、一岗双责、齐抓共管、失职追责"原则，全面落实了安全包保责任制。建立内部安保信息快速联络通道和紧急事件响应机制并适时演练。

三、安全风险信息收集及风险评估

项目部上场前将安全风险评估和安保规划为项目首项工作，项目部与驻在国中国使领馆、中资企业和驻在国政府、警察部门保持密切联系，查询、掌握项目所在地的安全风险等级、安全风险种类，评判风险概率，策划项目安保规划，制定安保措施。巴基斯坦为国际权威机构评定为橙色安全风险区域，项目根据施工组织规划，召集内部安保专家和当地警方，对项目部每个驻地、每个现场作业区域及出差、运输等外围作业区域进行了防恐怖袭击、人质劫持等安全风险评估，结合当地内政部门指定的针对中国人的安保标准操作程序要求，制定了针对性的安全防范对策，编制了项目安保规划并形成文件，并贯彻在项目日常工作之中（表6-2）。

项目主要安保风险评估表　　　　　　　表6-2

序号	安保风险点	风险初次评估状态	风险降解措施及保证措施	降解后风险状态
1	临时驻点安保风险	风险点6个；人员6×（10~15）人 活动频率：频繁（每天活动，持续3个月） 危险级别：重大风险	（1）每个点聘请4名专业保安； （2）每个点6名警察进驻保护； （3）按标准配置安保设施； （4）遵守安保标准程序； （5）每天专人检查制度执行情况	降解重大风险为一般风险，个点制定实施细则严格落实，风险可控
2	永久驻地安保风险	风险点15个；人员15×（30~60）人 活动频率：频繁（每天活动，持续3个月） 危险级别：特重大风险	（1）按照居住区独立、生活办公区分离、内外有别原则回话建设营区； （2）每个点聘请8名专业保安； （3）每个点40~60名警察进驻保护； （4）按驻地标准配置安保设施； （5）遵守安保标准程序； （6）每天专人检查制度执行情况	采取措施降解特大风险为一般风险，各点制定实施细则并严格落实，风险可控
3	作业场站	风险点25个；中方人员25×10人 活动频率：频繁（每天活动，持续20个月） 危险级别：重大风险	（1）每个点聘请4名专业保安； （2）每个点警察巡查保护，每个中国人警察随行保护； （3）按标准配置安保设施； （4）遵守安保标准程序； （5）每天专人检查制度执行情况	降解重大风险为一般风险，个点制定实施细则严格落实，风险可控
4	分散施工作业点	风险点76个；中方人员76×（2~5）人 活动频率：频繁（每天活动，持续6个月） 危险级别：重大风险	（1）每个点聘请2名专业保安； （2）每个点警察巡查保护，每个中国人警察随行保护； （3）按标准配置安保器材； （4）遵守安保标准程序； （5）每天专人检查制度执行情况	降解重大风险为一般风险，个点制定实施细则严格落实，风险可控
5	短途出差	风险点20个；中方人员20×2人 活动频率：较频繁（每周2次活动，持续20个月） 危险级别：较大风险	（1）警察随行保护； （2）按标准配置安保器材； （3）遵守安保标准程序； （4）每天专人检查制度执行情况	采取措施降解较大风险为一般风险，风险可控

序号	安保风险点	风险初次评估状态	风险降解措施及保证措施	降解后风险状态
6	长途出差	风险点2个；中方人员2×5人 活动频率：较频繁（每月1次活动，每次持续1个月） 危险级别：较大风险	（1）与当地警局保持联系，寻求警察保护； （2）按标准配置安保器材； （3）遵守安保标准程序； （4）每天专人检查制度执行情况	采取措施降解较大风险为一般风险，风险可控

四、建立内外安保联防组织体系

项目部安保管理考虑内部安保管理和外部安保管理相结合的组织管理形式，并兼顾到内外安保体系的有效衔接和配合。项目部成立了项目经理负责，安全总监统抓，安保专员协调，各部门分管领导、工区经理为组员的安保联防委员会，各驻地负责人为安保第一责任人和第一响应人建立内部安保组织体系，同时结合当地警方关于中国人的安全保护要求，申请配备职业警察作为项目外部安保组织，同时任命当地语翻译为各驻点安保关键人，联系路地安保信息，保证内外安保各个环节有效对接。通过内外联保双体系，实现了安保信息共享，紧急响应及时到位。

五、驻地安保措施

（一）规划项目驻地安保

项目部在施工组织设计中统筹考虑安保规划，在施工总平面布置设计和设施设置配备中考虑安防需要，施工管理过程中做到安保工作与施工同步进行。项目驻地营区为中国人最密集且活动时间最长的区域，是恐袭、绑架等恶性事件的重点防范区域。项目营区选址避开了人群密集聚居区，远离高大建（构）筑物，出入道口隐秘，营区布局要考虑生活区、办公区、施工区分开，内院和外院分设，模糊办公区职能部门门牌，内院隐秘并设置应急逃逸通道，营区外围设置警戒岗楼、警戒专用照明设施、防护沟、检查通道等。

（二）营区安保硬件设施配置

项目驻地营区安保规划时充分考虑了门禁系统、视频监控系统、应急电源系统、外围防护系统、警报响应系统、紧急撤离系统、警察保护系统、保安防卫系统等安保配置（表6-3）。

项目营区安保硬件设施标准配置表　　　　　　　　表6-3

安保系统	安保设施配置	说明	维护检查要求
门禁系统	防撞栏杆		每日检查一次，每日维护一次
	防撞墩		
	安检门		
	下视镜		
	金属探测器		
视频监控系统	中央视频监控		每日检查一次，每日维护一次
	多角度视频摄像		
	视频中央控制室	专人24小时监控	
外围防护系统	围墙	2.438m高 24cm墙厚	每日检查一次，每月维护一次
	围墙顶倒刺		
	围墙外安检通道	3m宽	
	围墙外防护沟	2m宽	
	警戒岗楼	沿围墙每50m和营区四角设置双层瞭望岗楼	
电力照明系统	安保应急电源	自动切换	每日检查一次，每日维护一次
	大功率探照灯	每岗楼2台	
	配普通照明灯	沿围墙每20m	
警报响应系统	警铃		每日检查一次，每日维护一次
	对讲机		
	警笛		
	报警专线		

安保系统	安保设施配置	说明	维护检查要求
紧急撤离系统	紧急逃逸通道		每日检查一次，每日维护一次
	暗室	财务室设置	
警察保护系统	警察驻地	每个驻地一处	每日检查三次，并做好交接班记录
	警察枪械室	每个驻地一处	
	警用巡逻车	每个驻地 1 ~ 2 辆	
保安公司保卫系统	保安值班室	每个驻地一处	每日检查两次区域内设备物资，并做好交接记录
	保安执勤点	每个设备停放点、物资堆放点，每个施工作业点 2 ~ 4 人	

六、安保信息快速交流机制

项目部重视安保信息交流和警情预报，安保联络快速通道是实现有效的预警，达到"预防和保卫并重"的有效手段。项目部首先要和驻在国使领馆、中资企业和当地华人华侨组织等保持着密切联系，掌握不同阶段外围安全形势，及时预警；按照内外联保体系规划公布警察局、驻地警察、驻地安保负责人、安保关键人联系方式，建立安保联防通信网络，实现安保信息快速交流；每个驻地安保关键人24小时保持与驻地警察、沿线警察局保持高度密切互动，掌握本地和外地警情，及时报警和预警；各驻地安保负责人通过手机短信和微信等手段收集发布安保信息，随时获得预警和发布应急反应；警察系统内部专线联络获取上级信息支持和警力配合，从而建立内外安保联络机制。

七、安保事件紧急响应机制

项目部根据巴基斯坦治安状况和安保要求制定紧急事件安保处置预案，建立紧急事件分级响应机制。紧急事件按照事件性质和规模分三类：

1. 偷盗、群体性阻工、争斗和5人以下斗殴等一般事件。

2. 现场发生人员重伤事故、群体性斗殴等重大事件。

3. 恐怖袭击、暴力抢劫、人员绑架等特重大恶性事件。

根据事件性质启动不同级别响应程序。施工现场一旦发生安保突发事件后，各驻地安保负责人要快速反应，首先确定突发事件情况，识别事件范围和影响，确定应急响应级别，在第一时间联络警察，随同警察赶赴现场的同时，立即将接到的突发事件情况报告项目部治安保卫突发事件应急处理领导小组。项目部各部门接到应急领导小组批示后，迅速组织力量赶到指定位置集结，并按照现场应急处理领导小组的命令，各负其责，开展处置工作。

施工中一旦发生危险时应立即停止施工，划定警戒范围和区域，采取现场保护措施，向治安领导小组和上级主管相关部门报告。若现场实际情况不明，需查明情况后，待处置结束再按确定的案件性质进行处理。

若突发事件是抢劫、绑架等严重危害施工人员的案件，对危害仍在继续蔓延或有可能继续蔓延的现场，采取果断的措施，启动紧急预案，项目管理人员统一集中，在警方配合下主动疏散危害区内的人员，防止因危险源扩散而造成严重的后果，并积极与警察和上级部门联系共同处置。

八、实行"准军事化"管理，内外联保建立双重安保网

项目部成立了安保联防领导委员会，聘请巴方退伍少校为安保专员，强力实行"准军事化"管理模式。全线14个驻地一律实行"早点名、晚查铺"制度，所有中方人员外出都按照规定严格审批，执行请销假制度，坚持"无事不外出，外出必配警"，原则上"外出不过夜、过夜须报告"。

九、应急演练

根据市场区域和业务范围建立了分级别、分区域的内部安保应急联络网络和应急救援响应体系。完善各项安保、安全规定和规范，制定"演练计划"和"应急预案"。定期、不定期举行"防恐演练"，增强了参建中方人员的实际"防恐"反应速度和应对能力。

第七章 关键技术

Chapter 7　Key Technologies

第一节　设计关键技术

一、设计概述

卡·拉高速项目采用美国标准体系，主要标准系列有美国国有公路运输协会标准（AASHTO）、美国混凝土学会标准（ACI）、美国土木工程师协会标准（ASTM）、巴基斯坦标准以及质量控制管理局规定（PSQCA）、统一建筑规范（UBC）。

主线为双向六车道高速公路，路基宽度31.5m，设计速度120km/h。全线桥梁均采用简支预应力混凝土T梁结构，荷载等级采用《巴基斯坦道路规范》规定荷载。全线共设置8处互通式立交，3处服务区，3处休息区。

在应用美标技术标准的前提下积极推广了国内技术标准、设计理念和技术方法，在工程设计先进性、绿色性及创新性方面取得了较好的效果。项目率先在巴基斯坦公路设计中运用绿色公路和交旅融合的设计理念，创造性推广了中国规范湿陷土地基评价及处置方法、预制、拼装结构物及边坡防护技术。

二、设计亮点

设计过程中充分采用了国内外的先进勘测手段和设计方法，广泛采用新技术、新材料、新设备、新工艺，极大地提高了勘察设计质量和水平。主要技术创新点介绍如下：

1. 中国规范体系下湿陷土地基评价方法及处置措施在巴基斯坦的首次使用

由于黄土分布的全球地域性特征及巴基斯坦规范及学术研究的局限，巴基斯坦公路建设领域未曾有对湿陷性地基评价与处置的案例。考虑地基土湿陷性对路基沉降及稳定性的危害，本项目在巴基斯坦率先按照中国规范对公路沿线进行湿陷土地基评价及处置，并将试验、评价方法、处置措施及施工工艺推广应用。

2. 突破美标及巴基斯坦公路建设填土路基边坡坡率的传统习惯

项目位于旁遮普平原，是巴基斯坦主要的灌溉农业区，土地资源十分珍贵。巴方初步设计阶段参照美国标准，填方路基边坡采用1∶4，1∶3，1∶2，1∶1.5四种坡率，土地资源耗费严重，施工复杂。项目设计依据土的试验参数及土力学基本原理计算论证了采用国内规范推荐坡率（1∶1.5）后填方路基的稳定性，最终取得设计监理及业主的批复，减少了全线路基土方用量，节约了土地资源，降低了工程造价（图7-1）。

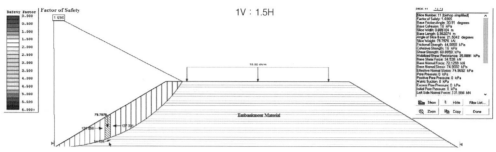

图7-1　填方路基稳定性的计算论证

3. 开展基于全寿命周期理念的路面设计

根据公路的功能、使用要求及项目所处区域的气候、水文、土质等自然条件，建立了一套以力学性能和路用性能为判定标准的路面设计指标，分析路面使用性能衰变的影响因素，根据项目特点对AASHTO ME路面计算模型进行修正，建立了项目路面性能变化分析模型，分析了开裂、变形及平整度等路面损坏模式，通过对路面损坏和平整度的预测对路面设计方案进行评价，实现了路基路面一体化、材料结构一体化及建养一体化三个"一体化"理念，将路面设计延伸到运营期，为全寿命周期分析和预防性养护实施提供了技术手段。通过多方案比选并材料优化，项目路面结构层厚度减薄5cm，创造经济效益近亿元（图7-2、图7-3）。

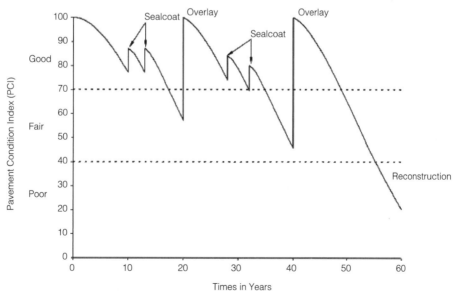

图7-2　路面状况指数预测

图7-3 路面摊铺现场

4. 预制、拼装式路基防护结构在巴基斯坦的推广使用

巴基斯坦既有高速公路建造年代久远，公路防护美观性要求低，多采用砌石结构。项目推广采用预制空心六棱块拼装式防护，工厂化预制及拼装方式极大地节省了工期，提升了工程防护的美观性，同时也解决了平原区天然圬工材料紧缺的"窘境"，并将相关设计、施工工艺推广（图7-4）。

图7-4 预制、拼装式路基防护结构工程效果

5. 预制箱涵拼装设计理念和施工技术在巴基斯坦的首次推广应用

项目率先在巴基斯坦推广使用预制箱涵拼装技术，解决了巴基斯坦既有高速公路采用现浇混凝土结构施工流程繁琐、效率低、工期长、经济性差的矛盾；其次，采用美国标准，对预制拼装箱涵进行有限元建模分析，并模拟地基弹性梁，结合巴基斯坦军事荷载，优化常规钢筋配置；优化箱涵接头位置处置技术，接头内外侧采用遇水膨胀橡胶条封口，中间采用水泥砂浆填实，外侧用"三油两毡"密封，彻底解决拼装箱涵接头位置止水的难题，保证箱涵施工质量。通过本项目的应用，率先在巴基斯坦推广了小型结构物预制拼装设计理念和施工技术（图7-5）。

图7-5　箱涵预制吊装

6. 美标体系下预应力简支T梁的应用和计算

预应力简支T型梁是美标体系中高速公路桥梁上部结构的常规做法，在巴基斯坦公路工程中应用广泛，其设计计算总体采用美国标准，同时参照当地设计规范，项目采用美标对T梁在预制阶段的正截面应力，预拱度，以及在使用阶段的弯矩及正截面应力进行了验算分析，保证了项目安全生产（图7-6、图7-7）。

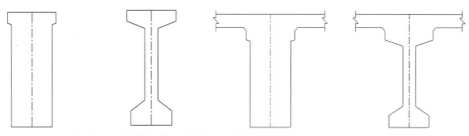

图7-6　预制阶段支点及跨中截面使用阶段支点及跨中截面

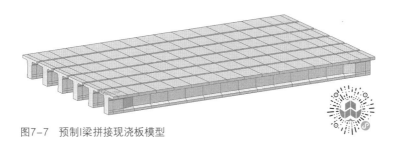

图7-7　预制梁拼接现浇板模型

7. 美标体系下桩基承载力的计算

桥梁桩长采用美标体系下的计算方法，并根据当地要求进行桩基载荷试验，试桩与设计桩径一致，配筋减少2/3，加载采用两倍设计荷载，在桥位附近进行，通过试桩可进一步核实地层情况，并对持力层进一步确认。

桩长计算中采用有限元计算里面，将桩基分为1~2m的节段，按照黏性土和非黏性土进行计算，最后再进行合计，大于桩基承载力特征值即可。桥梁单桩荷载试验是巴基斯坦高速公路桥梁桩基础设计、施工过程中常用的一种确定单桩竖向抗压承载力的方法，它能够准确地反映桩基础的单桩受力状况和变形特征，同时也可以作为一种桥梁桩基础抽样检验和评价的方法。

根据《巴基斯坦施工总体规范》407.3.9条的规定，在实际工程施工桩基础前，需要先对桩基础进行荷载试验。荷载试验的总体思路是根据地勘资料、桩顶上部竖向荷载等，并依据《美国高速公路安全与运输协会·桥梁结构设计规范》10.8.3.5.1~10.8.3.5.3条的相关内容计算出设计桩长，然后在桥位附近按照设计桩长的尺寸及配筋标准进行桩基础荷载试验，试桩荷载不应小于设计荷载的两倍。试桩过程中要根据桩顶荷载大小逐级加载，每次加载持荷2小时，加载完成后持荷48小时，卸载也要分多次进行，每次卸载完成后持荷2小时，在荷载试验完成后，桩基础的永久沉降不应超过6mm，否则应重新设计桩长（图7-8）。

8. 服务区设计中商业功能的侧重及交旅融合设计理念的体现

巴基斯坦公路局非常重视本次服务区的设计，安排我方和巴方设计院分别拿出设计方案进行方案竞赛。我方分析巴基斯坦经济基础差，需要综合考虑经济性和服务性的特点，提出加强服务区商业功能和交旅融合的设计理念，服务区综合楼规模加大，增强了餐饮和购物功能，设置专门的卡车宾馆。另外通过服务区和停车区交错设置解决经济性的问题，兼顾了功能提升和经济造价的问题。巴方公路局最终选定了我方方案作为实施方案（图7-9）。

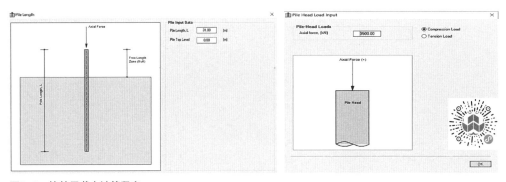

图7-8 桩基承载力计算程序

图7-9 服务区鸟瞰图

三、绿色设计

1. 短期内实现土地复垦的取土设计

项目区耕地资源珍贵，取土设计一改国内项目设计集中、大规模取土场的传统，代尔以沿路线两侧设置分散式、小规模取土坑，取土坑深度不超过1.0m，取土后坑底土壤依然具有一定养分，经两三茬庄稼后土壤肥力基本可以恢复到与表土一致。同时由于巴基斯坦土地私有，项目取土设计在不损失耕地数量的前提下为沿线土地所有者带来一定直接收益，项目建设深得沿线居民支持。

2. 景观与绿化总体设计在巴基斯坦高速公路建设中的首次使用

首次在巴基斯坦高速公路设计中应用景观与绿化总体设计的理念，提供组织有序的、可持续的景观绿化设计，与项目区富饶的农业自然景观相协调。边坡采用植草绿化，坡脚至用地界种植三排高度递增的乔木，沿线每15km更换树种，实现道路绿化景观的层次感，减少道路使用者的审美疲劳。互通立交、服务区、休息区应用Realtime Landscaping软件进行详细设计，提高绿化设计成果的直观性和可操作性。

3. 充分利用当地材料填筑路基——填砂路基

项目终点段靠近拉维河，地表覆土厚度小，下部地层以粉砂、粉细砂为主，路基常规填料稀缺，为充分利用当地填料资源，减少土方运距，降低工程造价，终点路段设计黏性土包边的填砂路基。

第二节　施工关键技术

一、土包砂路基施工技术

卡·拉公路Ⅲ标项目多处路基段落临近河流和沙土戈壁滩，土源稀少，经现场调查，与业主监理充分沟通后，采取土包沙路基施工方案，沙采用沿线河沙和地下粉砂，以减少对沿线耕地的破坏，解决缺少土源的问题，保证了施工工期要求。

（一）施工准备

填砂路基填筑先施工包边土再施工中间段沙质路基，采用水平分层填筑方法施工。采用"三阶段、四区段、八流程"的作业程序组织施工。

1. 人、机、材准备

（1）劳动力

每个土方施工工作面投入机械操作手41人，辅助工15人，其中中方管理人员3人。

（2）材料

所使用填筑材料包边土和粉砂经自检试验后，报请试验室平行试验批准，经监理见证试验后方可使用。

（3）单工作面投入机械设备及仪器

单工作面投入机械设备：轮式挖掘机4台/（160t)，压路机（18t）3台，羊角碾（16t）2台，推土机（D85）1台，自卸汽车（D85）1台，自卸汽车（20t），洒水车（10m³）6台，两头忙拖拉机（18型）2台，平地机（G140）2台。GPS测量仪2台，水准仪3台，灌砂法检测全套试验设备1套，满足施工试验要求。

2. 技术准备

组织主要中巴管理人员和技术人员认真学习熟悉设计图纸，核查设计图纸，充分了解设计意图和技术要求。同时对参与施工的有关管理人员、技术人员和技术工人进行三级技术交底。使施工人员对施工工艺有一个较详细的了解，以便科学地组织施工，避免发生技术指导失误或操作错误。

3. 测量准备

用GPS根据路基填筑高度和宽度（每侧加宽50cm），放出填筑边线，使路基施工作业范围一目了然，并系上红布条，这样作业人员能直观、准确地施工。

4. 试验准备

路基施工前，首先在填筑前对土样做击实试验，测定填料的最佳含水量、最大干密度等参数，土以便指导施工。

（二）填砂路基施工工艺

1. 施工工艺

原地面清表→填前压实→压实度检测→摊铺填料（先施工包边土，再施工填砂层）→测定松铺厚度→碾压合格后进入下一层的施工。

2. 工艺试验

根据填料及压实机械设备，进行工艺试验，确定最优松铺厚度和碾压边数，用于后期路基填筑指导施工。

3. 填筑及摊铺

按照工艺试验确定的松铺厚度进行填筑，填筑时控制好填料的含水量，中间填砂范围的含水量按照满灌闷水的方法执行；摊铺时采用推土机配合平地机进行。

4. 碾压

压路机碾压横向接头轮迹重叠40～50cm；纵向搭接5～10m。做到无漏压、无死角、压实均匀先慢后快，逐步提高。振动压路机静压速度为3km/h，强振速度为3.5km/h。碾压顺序为先碾压两侧包边土路基后碾压中间砂质路基（图7-10）。

图7-10 土包砂路基施工

5. 检测

每层压实后，及时进行中线、标高、宽度、厚度、压实度（沉降差）的检测。检测合格报监理工程师验收后方可填筑下一层填筑。

（三）路基整修及边坡防护

路基填筑到位后对于加宽部分进行机械配合人工进行刷坡，刷坡完成保证边坡圆顺，坡度符合设计要求；刷坡完成及时进行边坡防护。

二、路基底基层及基层施工技术

（一）级配碎石底基层设计概况

底基层全幅满铺，宽度（主线）为33.9m，其中行车道和硬路肩分开铺筑，行车道左右幅宽度24.5m，结构层厚度20cm，硬路肩度2.65m，结构厚度54cm。主要采用推土机、平地机、压路机组织施工；基层分左右幅铺筑，单幅宽度为12.6m（3.65×3+0.3+1+0.35）m，基层厚度为34cm，分三层施工（11cm+11cm+12cm）。硬路肩厚18cm，分两层施工（9cm+9cm）。

（二）人、材、机准备

1. 人员准备（每个工作面）（表7-1）

级配碎石施工作业面人员配置表　　　　　　表7-1

序号	工种	单位	数量（人）		备注
			底基层	基层	
1	现场负责人	人	1	1	施工队现场负责人
2	现场技术员	人	2	2	中方和巴方各1人
3	试验员	人	4	3	
4	测量员	人	4	6	

序号	工种	单位	数量（人）		备注
			底基层	基层	
5	领工员	人	0	1	
6	机械操作手	人	39	6	
7	调平工	人	0	4	
8	普工	人	15	20	捡拾混合料中垃圾、处理离析等

2. 材料准备

所使用填筑材料需经驻地试验室检测合格监理批准后方可使用。

3. 机械设备准备（每个工作面）（表7-2）

级配碎石施工作业面机械设备配置表   表7-2

序号	设备名称	型号	单位	数量		备注
				底基层	基层	
1	摊铺机		台		2	
2	推土机	D85	台	1		
3	平地机	G140	台	2		
4	压路机	18t	台	3		
5	装载机		台			装料
6	单钢轮压路机		台		1	
7	挖机		台		1	
8	洒水车	$10m^3$	辆	2	1	用于施工洒水
9	自卸车	20t	辆	10	10	如果不能满足现场施工时及时增加

（三）级配碎石底基层施工工艺

1. 施工准备

在铺筑级配碎石施工前，将路基顶面的浮土、杂物清理干净。路基的标高、平整度、压实度、宽度、横坡、纵坡必须符合设计要求和巴基斯坦NHA98版整体规范，经监理验收合格后方可进行底基层施工。用于底基层或基层填筑的级配碎石材料应符合巴基斯坦NHA98版整体规范要求，并报监理工程师检验合格方可使用。

2. 施工技术及工艺

施工放样：恢复中线和边线放样工作（设计边线加宽0.3～0.5m），在边桩上标记标出设计标高。

事先通过试验段确定的松铺系数计算各段所需填料数量，运输车按照画好方格，均匀卸料，并及时进行摊铺。摊铺时使用推土机、平地机摊铺均匀，并按设计控制横坡，同时摊铺路肩用料。用压路机在初平的路段上碾压一遍，平地机配合进行精平，机械无法施工的部位进行人工修整。

整平后及时进行压实。碾压过程应当从外侧向中心逐步进行，曲线段由内侧向外侧进行，重叠碾压宽度至少为压路机宽度三分之一。

3. 摊铺：在经监理工程师验收过的级配碎石上摊铺混合料。摊铺前应先检查机械的运转情况，采用10m设置一个高程控制点来控制厚度和高程，保证路拱横坡度满足设计要求。采用摊铺机时根据摊铺宽度拼装摊铺机，摊铺时应保证摊铺机连续摊铺。

4. 碾压：经过摊铺及整型的混合料应立即在全宽范围内压实，并在当日完成。碾压应紧跟在摊铺后面进行，一次碾压长度一般为50～80m。碾压层次分明，设置分界标志，碾压时混合料的含水量达到或小于最佳含水量，再进行压实。碾压时应遵循试验路段确定的程序与工艺，遵循先轻后重、先慢后快、先静后振再静压的原则。

5. 检测：碾压结束，按照规范要求的检测频率检测压实度，不符合要求增加碾压遍数，压实度检测保证试验人员全程跟踪检测。

6. 交通管制：摊铺完成的路基先封闭交通，对施工车辆限速。

7. 接缝处理：在正常施工中一般是不允许存在横向接缝，但由于特殊原因超过2h或每天收工之后，需要设置横缝时，按以下方法处理：

填料要预留3m长的摊铺段不碾压；横缝应与路面中心线垂直设置，接缝断面应垂直路面中心线设置；待接缝修整垂直清除多余的混合料后，放置和摊铺厚度相等的方木，保护预留接缝面不被设备车辆破坏；摊铺机重新摊铺前，取掉方木，接着施工缝摊铺；压路机沿接缝横向碾压，由前面压实层向新铺层压实，碾压完毕后再纵向正常碾压。

（四）质量管理措施

1. 严禁压路机在碾压的路段上调头和急刹车，以保证不破坏碾压好的表层。
2. 施工中任何情况下，拌和的混合料都应均匀，含水量适当，避免离析现象出现。
3. 对摊铺层进行自检，确保工程质量。
4. 对施工完成的底基层、基层认真整理原始施工资料，做到准确、详实。

三、沥青面层施工技术

（一）沥青面层设计概况

项目主线行车道沥青路面设计厚度16cm，磨耗层5cm，分三层摊铺；硬路肩沥青面层为磨耗层4cm，一层摊铺；互通匝道沥青基层厚度9cm，按一层摊铺。全线设置4个沥青拌合站，6台沥青混合料拌合机，5个沥青摊铺作业工班；其中中铁二十局设置3台4000型沥青拌合楼，ZKB设置1台4000型拌合楼，2台2000型沥青拌合楼。

（二）施工准备

1. 试验准备：按照巴基斯坦《NHA 98规范》及设计要求，试验室完成对原材检测、混合料组成配合比设计并报监理和业主批准。
2. 技术准备：在验收合格的基层上，每10m设一中桩，在路肩位置设边桩，在沥青混凝土摊铺前先进行透层施工。
3. 机械准备：每个摊铺工班配备1台福格勒2100-3型摊铺机，单幅一次性摊铺，3台双钢轮压路机，3台胶轮压路机，20辆自卸保温汽车，1辆水车。
4. 材料准备：沥青混凝土所用材料的各项技术指标检验满足规范和设计要求，并按照配合比要求进行采购供料，各料堆分别设置材料标识标牌。碎石由项目部萨格达碎石场提供，矿粉采用石灰岩加工而成，沥青采用针入度等级为60-70号的石油沥青。

（三）施工工艺

1. 沥青基层料拌和

拌合站配备1台4000型拌合楼进行拌合，拌合楼实际出料300t/h以上。拌和楼的全部生产过程均由计算机控制。首先按照规定温度预先设置好沥青和集料加热温度，并设定每盘拌制时间，然后向计算机输入混合料生产配合比数据。计算机发出指令按所输配合比数据自动计量沥青、集料及矿粉后进入拌缸，充分拌匀后进入贮料仓，等待自卸车装运。计算机有逐盘打印功能，初步确定干拌时间、湿拌时间，骨料加热温度和沥青加热温度。沥青混合料出厂温度155~165℃，超过195℃应作废料处置。

拌合时要控制好沥青、集料及沥青混合料的加热温度，可据集料含水量和气候情况随时调整预置温度。拌和时间应保证拌合时间，避免出现花白料、结团成块或粗细料离析现象发生。每天开始拌成品料之前，先拌两锅白料洗锅。

2. 沥青混凝土运输

运输时采用棉被覆盖进行保温。运输车辆在装料、卸料时听从管理人员指挥，避免混合料离析或撞击摊铺机。为保证摊铺的连续性，排在施工现场的运输车不少于3辆，为防止等待时间长，温度散失，现场不多于5辆运输车，试验人员对每辆运输车进行出站及到现场温度检测监控。

3. 沥青混凝土摊铺

摊铺采用1台福格勒2100-3型摊铺机单幅全幅作业，根据摊铺宽度拼装摊铺机。摊铺前先检查摊铺机各部分运转情况，在线路外侧采用挂钢丝引导高程、内侧采用在新泽西护栏底座走滑橇的方法，来控制沥青面层厚度和高程，保证路拱横坡度满足设计要求。摊铺机在摊铺前先预热熨平板，摊铺机速度控制在1~2m/min。摊铺机的螺旋布料器应根据摊铺速度均衡地转动，两侧不少于送料器2/3高度的混合料，以减少在摊铺过程中的离析。在摊铺机后面设专人消除粗细集料离析现象。为消除沥青面层内隐性裂缝，摊铺时用熨平板和振捣夯进行预压，控制摊铺温度不低于135℃，在低温天气不低于150℃。

4. 压实

碾压紧跟在摊铺机后面进行，一次碾压长度一般为20~40m。初压温度为不低于130℃，复压温度为100~120℃，终压温度为不低于80℃。碾压时直线段从两侧向中间，曲线段由内侧向外侧，纵向进行每一趟重叠压路机宽度的二分之一。严禁压路机在已完成的或正在碾压的路段上调头和急刹车。

5. 接缝处理

横向接缝应尽量设置在结构物处或伸缩缝位置。如无法在结构物处设置时，采用横向垂直接缝，横向接缝为冷接缝。首先，在摊铺段端部直尺呈悬臂状（平整度按不大于3mm控制），以摊铺层与直尺脱离接触处定出接缝位置，用锯缝机割齐后铲除斜坡层，用水冲洗干净，并涂抹粘层沥青，在熨平板开始预热前，根据松铺系数在已经压实冷却的路面上垫上两块薄木板，然后摊铺机再就位。熨平板应预热15～20min，使接缝处原摊铺路面温度在65℃以上，开始摊铺的速度要慢。碾压开始前，将原路面上散落的沥青混合料清除干净，接缝处保持线条顺直，固定一台振动压路机处理接缝，路面接缝处采用横向碾压，两侧采用纵向碾压。横压时钢轮大部分压在原路面上，逐渐移向新铺路面，前后约5～6遍；纵压时应使压路机的后轮超出接缝3～6m，振压2遍，静压2遍。

（四）施工注意事项

1. 沥青基层施工温度控制，见表7-3。

沥青面层、磨耗层施工温度控制表　　　　　　　　表7-3

沥青加热温度		155～165℃
矿料加热温度		165～185℃
混合料出厂温度		正常范围155～165℃，超过195℃废弃
混合料运输到现场温度		不低于145℃
摊铺温度	正常施工	不低于135℃
	低温施工	不低于150℃
开始碾压混合料内部温度	正常施工	不低于130℃
	低温施工	不低于145℃
碾压终了表面温度	胶轮	不低于80℃
开放交通温度		表面低于50℃

2. 防离析处理

运输车辆在侧板后门处加装挡板，防止卸料喂料离析。摊铺机螺旋布料器应有2/3埋入混合料中，或者埋满螺旋，防止粗料离析。在摊铺机的中间链齿箱处加装反向叶片，防止摊铺的纵向离析。降低摊铺机布料器前挡板（10cm左右），降低其离地高度，防止竖向离析。摊铺机采取两次收斗方式，并派专人检查混合料离析现象，铲除局部粗集料过多的铺层或局部粗集料"窝"，并用新拌混合料填补，防止摊铺的斗窝状离析（图7-11）。

图7-11 沥青摊铺

四、房建工程施工技术

（一）建筑结构设计

卡·拉高速公路Ⅲ标房建工程各功能区根据使用功能均设计为单体单层结构，业主大小营地设计为砖混结构，砖基础，构造柱，上下圈梁，现浇钢筋混凝土屋面；收费站、休闲区和服务区房建工程设计为框架结构，框架柱、梁、水平系梁，均为现浇钢筋混凝土屋面；收费大棚设计为钢结构，大棚立柱设计为D400钢管，屋顶横向为2根23.1m曲线钢梁，分7.33m+8.44m+7.33m三节拼装，纵向为9根18m直线钢梁，分

3m+12m+3m三节拼装，纵横向钢梁均为厚度18mm和20mm的钢板焊接成'H'型，高度为60cm，钢板屋面，一个收费站大棚钢结构工程数量为47.2t。

（二）施工计划

1. 总体大流水安排

房建项目总体按照项目所排计划节点执行，按照进度计划及巴方劳动力工效，为保证按节点完成施工任务，计划做到具备施工条件的全面展开，同时施工。因此大部分施工内容只能做到一次大流水周转。

2. 功能区内小流水安排

按照当地施工速度，开工后若不同时施工，每划分一个流水段将要增加10～15天的流水间隙。通过对现场的木模板使用观察发现最多能达到3次周转使用效果。结合本工程的节点要求，计划将功能区内房建施工划分为3个流水批次，增加一个月的施工时间。

3. 人员计划

项目采取由技术员负责，外聘人员补充管理，以巴方劳务为主力，中方人员指导施工的模式。根据房建工程专业内容结合施工现场情况配备专业工程师。

土建施工根据汇总统计，经计算中方人工工效：巴方人工工效约为3.3：1（巴方工人均不是熟练工）。按照国内同等规模房建施工组织人员，以现场施工速度每个单体土建结构需2.5～3月完成。为满足现场施工需要同时防止人员过剩造成窝工现象，个别功能区用工计划最大按照国内同规模单体1.5倍人员配置。高峰期中方人员共配置30人（含水、电、装修工），巴方人员配备780多人。

4. 材料计划

装修材料标准及样式按照图纸要求并结合参考M4及其他已建或在建高速路房建项目，报批业主后进行采购、装修。项目部安排物资部专职4人采购，保证材料供应。

（三）施工方案

1. 施工顺序

房屋工程按地基与基础工程→主体工程→屋面工程→装饰装修工程→水暖安装工程→附属工程→清理、验交的总体施工顺序进行。根据工程特点，结合现场的实际情况，按照"先房屋后附属"的基本原则和"先地基后基础""先地下后地上""先土建后安装""先结构后装饰"的次序进行施工。

2. 地基与基础工程

房屋基础类型主要是钢筋混凝土独立基础，独立基础采用人工配合机械挖掘。

3. 主体工程

各功能区房屋混凝土在拌合站集中拌制，砂浆现场采用搅拌机进行集中拌制。混凝土运输车运输，混凝土输送泵泵送入模，采用机械振捣的方法进行。模板采用钢模板配合竹胶模板，在现场进行拼制。钢筋在钢筋加工棚内加工制作成品或半成品，运至施工现场绑扎成型。钢结构预制构件均在预制厂预制，运至现场安装。

4. 装饰装修工程

装饰工程在主体施工完结构验收后进行施工。内装修与水电、消防、通风管道及设备安装工程施工进行立体交叉作业，外装修在屋面工程完成后自上而下分层进行。

5. 水暖安装工程

土建工程施工中，水暖安装工程应积极主动地配合土建的钢筋、模板、混凝土、装饰等工序的施工，随时穿插配合，做好管线、孔洞、铁件的预埋和预留，并做到正确无误。

6. 附属工程

本标段附属工程主要有道路、硬化面、雨水沉沙井、废污水井、化粪池、渗水井、路灯基础等。根据具体施工要求及实际情况合理组织施工。

（四）施工工艺及方法

1. 地基与基础工程

本工程的房屋基础类型主要为钢筋混凝土独立基础。

工艺流程：测量放线→基坑开挖→清理→混凝土垫层→钢筋绑扎→相关专业施工→清理→支模板→二次清理→混凝土浇筑→混凝土振捣→混凝土找平→混凝土养护→模板拆除。

2. 主体结构工程

（1）钢筋工程施工

根据图纸及规范要求由施工班组先下钢筋配料单，经工班长及主管工程师审核后，严格按配料单进行下料，钢筋形状、尺寸须符合设计要求及现行施工规范要求。加工后的成品专人复核，技术人员随时抽检，并按其规格尺寸分类堆放，钢材锈蚀的经过除锈后方可使用。钢筋原材料及半成品堆场设在钢筋加工场附近，原材及半成品必须挂标识牌，以防错用。

（2）模板工程施工

①柱模板施工工艺

安装前准备→一侧柱模安装就位→安装斜撑→清扫柱内杂物→安装就位对面模板→安装斜撑→安装另一方向模板→调整模板位置→抱箍加固→斜撑加固→预检。

②梁、板模板施工工艺

空间放线→搭设满堂脚手架（底部垫木枋）→调整梁底支撑标高→安装梁底模→安装顶撑并调平→安装梁侧模→墙边木枋（贴密封条）就位→摆设主次龙骨→铺设楼板模板→支撑架加固。

（3）混凝土工程施工

①结构混凝土的浇筑方法

Ⅰ 柱混凝土浇筑：混凝土浇筑时，分层高度50～60cm，用插入式振动器振捣。柱与梁板接合处，采用柱混凝土浇筑。底板、顶板与柱接合处，分别采用底板、顶板混凝土浇筑。

Ⅱ 梁板混凝土浇筑：在浇筑混凝土前清干净模板内杂物，用水将模板湿润，梁、板混凝土浇筑时由一端开始用"赶浆法"推进，先将梁分层浇筑成阶梯形，当达到楼板位置时再与板的混凝土一起浇筑，用振动泵垂直浇筑方向来回振捣。振捣完毕，用刮尺或搓板抹平表面。

Ⅲ 施工缝的留置：施工缝的位置应设置在结构受剪力较小且便于施工的部位。单向板，留置在平行于板的短边的任何位置；有主次梁的楼板，宜顺着次梁方向浇筑，施工缝应留置在次梁跨度的中间三分之一范围内。

Ⅳ 施工缝的处理

在施工缝处继续浇筑混凝土，已浇筑的混凝土抗压强度不应小于$1.2N/mm^2$。混凝土达到$1.2N/mm^2$的时间，可通过试验决定。同时，必须对施工缝进行必要的处理。在已硬化的混凝土表面上继续浇筑混凝土前，应清除垃圾、水泥薄膜、表面上松动砂石和软弱混凝土层，同时还应加以凿毛，用水冲洗并充分湿润，一般不宜少于24h，残留在混凝土表面的积水应予清除。

施工缝位置附近回弯钢筋时，要做到钢筋周围的混凝土不被松动和损坏。钢筋上的油污、水泥砂将及浮锈等杂物也应清除。

在浇筑前，水平施工缝宜先铺上10～15mm厚的水泥砂浆一层，其配合比与混凝土内的砂浆成分相同。

②混凝土的振捣

在浇筑混凝土时，采用正确的振捣方法，避免蜂窝麻面通病。对梁和柱均采用插入式振捣器；在梁相互交叉处钢筋较密，可改用小型插入式振动器进行振捣；对楼板浇筑混凝土时，当板厚大于150mm时，采用插入式振动器；但棒要斜插，然后再用平板式振动器振一遍，将混凝土整平；当板厚小于150mm时，采用平板式振动器振捣。

振动器应做到"快插慢拔"，在振捣过程中，宜将振动棒上下略为抽动，以使混凝土上下振捣均匀。

混凝土分层浇筑时，每层混凝土的厚度应符合规范要求。在振捣上层混凝土时，应插入下层内50mm左右，以消除两层间的接缝。同时在振捣上层混凝土时，要在下层混凝土初凝前进行。

每一插点要掌握准振捣时间，过短不易密实，过长能引起混凝土产生离析现象。一般应视混凝土表面呈水平，不再显著沉降、不再出现气泡及表面泛出灰浆为准。

振动器插点要均匀排列，可采用"行列式"或"交错式"的次序移动，但不能混用。每次移动位置的距离应不大振动棒作用半径的1.5倍。振动器使用时，振动器距模板不应大于振动器作用半径的0.5倍，不能紧靠模板，禁止振动钢筋，预埋件等。

③混凝土养护

混凝土浇筑后，应在12h内进行洒水养护，洒水次数以能保持混凝土具有足够湿润状态为宜。对竖向结构混凝土，拆模后用塑料薄膜进行外包或外表刷薄膜养生液进行养护。对梁板等水平结构混凝土覆盖塑料薄膜或派专人进行浇水养护。对施工缝处要进行薄膜和草袋覆盖养护。混凝土养护至其强度达到1.2N/mm²以上时，才可进行上部结构施工，施工时严禁冲击混凝土。混凝土养护时间不得少于7天，并由专人负责做好混凝土养护记录。

（4）砌体工程

①工艺流程

配合比确定→材料试验→放线→墙体放线→制备砂浆→砌块排列→铺砂浆→砌块就位→砌块浇水→校正→砂筑镶砖→竖缝灌砂浆→勒缝。

②施工工艺

ⅰ 墙体放线：砌体施工前，应将基础面或楼层结构面按标高找平，依据砌筑图放出第一皮砌块的轴线、砌体边线和洞口线。

ⅱ 砌块排列：按砌块排列图在墙体线范围内分块定尺、划线，排列砌块的方法和要求如下：

砌块砌体在砌筑前，应根据工程设计施工图，结合砌块的品种、规格、绘制砌体砌块的排列图，经审核无误，按图排列砌块。砌块排列上、下皮应错缝搭砌，搭砌长度一般为砌块的1/2，不得小于砌块高的1/3，也不应小于150mm，如果搭错缝长度满足不了规定的压搭要求，应采取压砌钢筋网片的措施，具体构造按设计规定。

外墙转角及纵横墙交接处，应将砌块分皮咬槎，交错搭砌，如果不能咬槎时，按设计要求采取其他的构造措施；砌体垂直缝与门窗洞口边线应避开同缝，且不得采用砖镶砌。

ⅲ 铺砂浆：将搅拌好的砂浆，通过吊斗、灰车运至砌筑地点，在砌块就位前，用大铲、灰勺进行分块铺灰，较小的砌块量大铺灰长度不得超过1500mm。

ⅳ 砌块就位与较正：砌块砌筑前一天应进行浇水湿润，冲去浮尘，清除砌块表面的杂物后方可吊、运就位。砌筑就位应先远后近、先下后上、先外后内；每层开始时，应从转角处或定位砌块处开始；应吊砌一皮、校正一皮，皮皮拉线控制砌体标高和墙面平整度。

ⅴ 竖缝灌砂浆：每砌一皮砌块，就位校正后，用砂浆灌垂直缝，随后进行灰缝的勒缝（原浆勾缝），深度一般为3~5mm。

（5）抹灰工程

抹灰工艺流程：墙面浇水→吊垂直抹灰饼→抹水泥踢脚或墙裙→做护角→抹水泥窗台→墙面充筋→抹底灰→抹罩面灰。

（6）装饰装修工程

①工序安排

装饰装修工序安排在单体封顶后全面展开，采用交叉作业，紧凑搭接，循序渐进，避免交叉污染。装修阶段遵守"先上后下、先内后外"的原则，穿插作业，合理组织，保证工程质量。

内装饰工程主要内容：

墙面：乳胶漆墙面、锦砖防水墙面。

地面：瓷砖楼地面、地砖楼地面、磨光大理石楼地面、自流平环氧砂浆楼地面。

顶棚：合成树脂乳胶漆顶棚、铝扣板吊顶、金属条形格片吊顶。

踢脚线：铺地砖踢脚线、水泥踢脚。

②施工前后的要求

大面积装饰前，安装班组必须先安装完上下水管道、电气线管等种类盒箱。

施工完后的成品或半成品派专人监护，并对所有施工人员进行成品保护教育，杜绝因成品损坏造成的损失（图7-12）。

图7-12 K1045服务区

五、桥梁施工技术

（一）工程概况

项目共有51座桥梁，共计3022m，其中跨既有铁路简支梁桥3座，跨运河简支梁桥32座，互通桥8座，跨线简支梁桥8座，预制T梁2458片。

（二）施工方案

按照主线15km左右范围设置2台生产能力为50m³/h的混凝土搅拌站和1个钢筋加工厂，负责集中供应各自承担的施工范围内的混凝土和钢筋加工。

桥梁钻孔桩主要采用旋转式钻机成孔，泥浆护壁，桩身钢筋笼在加工场集中分段加工成型，汽车运输到现场，采用吊车配合人工分段接长入孔。桩身混凝土采用导管法浇筑水下混凝土。对位于河道内的钻孔桩，采用筑岛围堰法施工。承台采用挖掘机开挖基坑，人工用风镐凿除桩头，然后浇筑素混凝土垫层，绑扎钢筋并验收合格后支立钢模板，待模板固定牢靠并验收合格后浇筑混凝土，采用洒水法养护混凝土。所有桥墩全部采用定型钢模板，钢筋从加工场领取后现场绑扎成型。混凝土由拌和站负责供应到作业地点，然后用混凝土泵车送入模内，分层用振捣棒捣固密实，洒水法或塑料薄膜覆盖养护。所有T梁均在梁场集中预制，运梁车运输，陆地桥采用两台75t吊车安装，跨河桥采用拔杆法进行安装。

在上跨公路的桥梁施工时，必须先提前联系当地相关部门，办理所需施工许可手续，设置好安全防护措施后再组织施工，以确保施工安全。

（三）施工工艺及方法

1. 钻孔桩施工

（1）陆地钻孔桩施工

对地方道路、互通立交等陆地上的钻孔桩采用旋转式钻机按照反循环法工艺成孔。桩基钢筋笼均在施工现场绑扎成型，吊车下放钢筋笼，导管法灌注水下混凝土。其施工步骤如下：

施工准备：施工准备工作主要有场地整平、制备泥浆、就位钻孔设备、制作钢筋笼，制定技术方案并对施工人员进行交底等工作。场地的整平采用挖掘机平整并进行压实。沉淀池和储浆池在临近桩位的合适位置用挖掘机挖成一个深约 2m、面积约 15m² 的基坑，在基坑四周设置围栏。

施工放样：根据设计桩位坐标，采用全站仪进行放样，在桩的中心处打入木桩标示出桩的位置。

护筒埋设：护筒采用 5mm 厚的钢护筒。钢护筒一般情况下埋置深度为2m。护筒内径比桩直径大 20～40cm，其顶面高出地面约 30cm。护筒安放后检查中心位置和垂直度满足要求后四周用土回填密实。

制备泥浆：根据钻孔方法及地区的土质情况，采用黏土或黏土中加入一定剂量的化工原料调制泥浆，直到测定泥浆的比重、黏度和砂率满足试验要求。

钻机就位及钻进：钻机就位后，复测校正，钻头对准钻孔中心，同时使钻机底座水平。开钻时低挡位慢速钻进，以保证桩位准确性。在砂土层中应慢速、稠泥浆钻进，通过钻压、转速、泥浆指标等参数的调节，防止孔斜、缩径、塌孔等现象的产生。在钻进过程中，采用纵横十字线控制桩位，钻机工每班、测量人员隔天校正桩位、垂直度，确保桩的桩位、垂直度满足规范要求。钻孔至设计桩尖位置时，由测量人员检查孔的深度满足要求后方可终止钻进准备清孔。

清孔：在钻孔的进尺达到要求后，停止钻进并将钻头提离孔底约 0.5m，开启泥浆泵，进行反循环清孔。当孔内泥浆性能达到规范要求后，清孔即可结束。

钢筋笼的制作及安装：钢筋笼在钢筋加工场集中生产为半成品，运输到施工现场绑扎成型，利用吊车配合人工安装。

灌注水下混凝土：钢筋笼就位后，立即安放导管，首批灌注混凝土量使导管初次埋深满足1.0m 以上。在浇筑混凝土过程中，要控制好导管埋深的深度，并记录混凝土浇筑情况。为确保桩头混凝土质量，浇筑高度比桩顶位置高出 0.5m。

桩的检测：在基坑开挖并将桩头凿除后，由工程师进行桩基检测监理工程师旁站。检测的项目、内容按照规定进行。

（2）河道中桥梁钻孔桩施工

结合各现场实际情况，跨河桥梁采用筑岛围堰法施工。待筑岛完成后在周围堆码沙袋，防止水流冲刷造成围堰失稳，给施工造成安全隐患。筑岛完成后，钻孔施工工艺与陆地钻孔桩相同。

2. 承台施工

采用人工配合挖掘机开挖基坑，基坑开挖前，根据地质情况按照合适的坡率放样出基坑开挖边线。若土质松软，则对基坑边坡进行支挡防护，防止在施工期间边坡发生坍塌。基坑开挖到设计位置后，人工采用风镐凿除桩头，并将桩头钢筋按设计要求整修成型。检查基坑底部高程符合设计要求后浇筑10cm素混凝土垫层作为底模。在桩基检测合格得到监理工程师签字认可后，将事先在钢筋加工场内制作好的承台钢筋运到基坑处进行绑扎，钢筋绑扎完成并得到监理工程师签字认可后，进行承台模板安装。承台模板安装并固定牢靠，得到现场监理工程师签字认可方可进行混凝土施工。承台混凝土由相应管区的混凝土拌和站负责供应到作业地点，然后分层浇筑并将混凝土捣固密实。承台混凝土采用洒水法养护，养护时间满足设计及规范要求。

3. 墩身、盖梁施工

（1）墩身施工

钢筋：钢筋由相应的钢筋加工场负责加工制作，汽车运至台位，人工绑扎成型，骨架要牢固整齐，尺寸准确，接头符合规范要求。钢筋绑扎成型后，按照要求安装混凝土保护层垫块。自检合格后，报请监理工程师检查验收（图7-13）。

模板：在钢筋得到监理工程师签字认可后，进行模板安装。桥墩的模板采用钢模板，模板安装前，人工先将面板清理干净，并均匀的涂刷好脱模剂。用吊车配合人工安装模板。模板固定后对其平面位置、标高、接缝、加固情况进行检查验收，合格后报请监理工程师验收签字认可。

图7-13 立柱施工

混凝土浇筑与养护：混凝土由相应的拌和站负责生产并运输到作业地点，采用混凝土泵车或其他机械送入模板内，分层浇筑，并将每一层混凝土捣固密实，直到完成全部混凝土的浇筑。混凝土养护采用洒水法或塑料薄膜覆盖的方法进行养护。

（2）盖梁

盖梁施工采用抱箍法施工，在每个圆柱的适当位置安装一组抱箍，抱箍上有安放横梁的底座，利用抱箍与圆柱墩身的摩擦力来承受盖梁的全部施工荷载。

钢筋：钢筋由相应的钢筋加工场负责加工制作，汽车运至作业地点，在托架的底模上人工绑扎成型。钢筋绑扎成型后，按照要求安装混凝土保护层垫块，自己检查合格后，报请监理工程师检查验收。

侧模安装：在盖梁钢筋验收合格后，吊车配合人工安装模板。模板安装前，人工事先将面板清理干净，并涂刷好脱模剂。模板固定后对其平面位置、标高、加固情况进行检查验收，合格后报请监理工程师验收签字认可。

混凝土浇筑与养护：混凝土由相应的拌合站负责生产并运输到作业地点，采用混凝土泵车或其他机械从盖梁的中部向两端分层浇筑。采用透水土工布覆盖洒水养护。

4. T梁预制

经现场查看结合项目实际情况，预制梁场地设置路基附近红线范围内，对桥梁集中区域进行分区集中预制，方便后期架梁运输。

（1）制梁台座：采用现浇混凝土制梁底座，上铺钢模板作为底模，台座地基必须严格处理并夯实，并做好排水设施。

（2）模板制作：模板采用钢模板，由工厂按照模板设计图制造。设计模板时，端模采用整体式，能够固定端部的锚具。侧模采用分段拼装式，面板均为6mm厚钢板，侧模外侧加工成桁架，模板上口和下口设有对拉螺杆，起到加固模板的作用。

（3）钢筋加工与安装：钢筋在加工场加工，在制梁台座上绑扎成型，并安装好混凝土保护层垫块。钢筋绑扎时设置波纹管定位网片，安放波纹管并按设计线形牢固定位，确保预应力孔道位置准确。

（4）模板安装：钢筋检查验收合格后采用汽车式起重机配合人工安装，要求做到位置准确，连接紧密，侧模与底模、端模间密贴不漏浆。模板安装成型后，其尺寸、垂直度及线型偏差必须符合设计规范要求。

（5）混凝土浇筑与养护：混凝土由邻近的拌合站生产，混凝土罐车运输，用汽车式起重机提升料斗入模。混凝土采用一次连续浇筑成型，混凝土浇筑时由梁体一端向另一端进行，斜向分段，水平分层。每层厚度不大于30cm，插入式振捣器振捣密实，顶板人工抹收面并拉毛。梁体混凝土浇筑完成且收浆抹面后，覆盖土工布洒水养护，拆模后要继续洒水养护至规范要求。

（6）预应力施工：预应力孔道采用波纹管成型，钢绞线在下料平台上用砂轮切割机下料，并按序号编束。钢绞线束在梁体混凝土浇筑成型后人工穿入孔道。

在梁体混凝土强度达到设计要求后，用2台穿心式千斤顶两端对称、同步张拉。张拉时按照设计张拉顺序和张拉工艺进行，以应力控制为主，伸长量做校核。张拉结束后在规定的时间内完成孔道压浆，压浆后用同级混凝土封锚。

5. 梁的安装

结合项目现场情况及桥梁规模，采用2台75t位吊机吊装的方法进行，个别跨河桥梁采用扒杆法进行。梁体安装时必须配备一名专职指挥人员，确保梁体安全吊装。

6. 桥面系施工

桥面系包括护栏、桥面铺装和泄水孔等。施工时，混凝土统一由拌合站集中拌制，采用混凝土搅拌运输车运输（图7-14~图7-16）。

（1）护栏施工

模板采用定型钢模，混凝土由人工翻送入模，水平分层浇筑并捣固密实。顶部人工收面至少应进行2~3次，以防混凝土凝固收缩后，表面水分沿缝隙下流形成水渍。

模板每节长度控制在1.5m，保证其有足够刚度。断缝设置采用2cm泡沫板，外用三合板夹紧，钢筋支撑定位，保证混凝土浇筑振捣过程中不变形。

（2）桥面铺装施工

钢筋网片现场安装，混凝土用汽车式起重机送到桥面，横桥向分幅浇筑，平板振捣

图7-14 拔杆吊梁安装

图7-15 吊车吊梁安装

图7-16 桥面铺装

器结合拖式振捣梁捣固，铝合金框条找平，滚杠反复滚压提浆，磨光机磨光，人工收面，横桥向拉毛，覆盖、洒水养护。

（3）泄水孔安装

预埋孔清理干净后，按设计高程（按与桥面的相对高差控制）安装泄水管，周围用环氧砂浆填缝，表面涂防水剂，防止雨水沿管外壁下浸。

（四）桥梁施工质量控制措施

1. 钻孔桩质量控制措施

（1）开工前利用全站仪对线路进行复测，设置好方向控制桩及水准点。确保桥位中线、跨度及各部位方向、标高准确无误。

（2）钻孔桩施工平台牢靠平整稳定，能承受工作时所有静、动荷载。钻机支垫平稳，在钻孔的过程中不产生位移或沉陷。

（3）钻进的过程中，控制钻进速度和泥浆质量，检查钻杆的垂直度，防止缩径、塌孔、偏孔等质量问题的发生，确保钻孔的质量。

（4）安装钢筋笼前，全面检查孔深、孔径、泥浆指标，以及沉渣厚度等指标满足规定要求。

（5）首批灌注混凝土的数量满足导管首次埋置深度和填充导管底部的需用量。在浇筑混凝土时，认真组织确保水下混凝土连续作业。

（6）桩身混凝土浇筑高度高出桩顶约0.5m，确保桩头混凝土质量。

（7）每一根桩完成后进行检测验收，发现问题进行处理。

2. 桥梁下部工程施工质量控制措施

（1）认真控制原材料质量，对进场的原材料，由工地试验人员进行检查验收，合格后准许使用。

（2）桥梁混凝土由拌合站集中生产，混凝土拌合设备安装好后进行验收，且电子称量系统按照规定进行标定，每班工作前还要进行校核，确保各种材料的称量偏差满足要求。

（3）对拌合的混凝土进行坍落度、含气量等指标检查验收，制作一定数量的混凝土试块，检查混凝土强度。结构外露混凝土表面采用定型钢模板，模板制造出来后试拼装并进行全面验收，验收合格的钢模板准许投入使用。模板安装前，将表面的杂物打磨干净，并均匀涂刷脱模剂。

（4）在桥梁下部施工中，重点对钢筋绑扎、模板安装、浇筑混凝土三个关键工序制定检查要点，逐项控制。

（5）在浇筑混凝土时，安排责任心强、捣固经验丰富的人员进行混凝土振捣工作，保证捣固质量。

（6）新浇筑的混凝土待表面收浆后尽快养生，养生时间满足设计及规范要求。

（7）加强试验工作，混凝土拌和严格按配合比进行，混凝土浇筑过程中试验人员监督控制混凝土质量，并制作混凝土试件。

（8）施工期间，注意对结构物进行保护，防止损伤。

3. 桥梁上部工程施工质量控制措施

在预制梁施工中，对钢筋、模板、预埋波纹管、浇筑混凝土、预应力张拉五个关键工序进行重点控制。

（1）认真控制各类原材料和锚具质量，对进场的原材料、锚具由工地试验人员进行检查验合格后准许使用。

（2）预应力管道定位准确，浇筑混凝土时防止损伤波纹管。

（3）控制混凝土拌合物的质量，按照规定，检查混凝土的坍落度、含气量等指标满足设计要求。

（4）模板制造出来后试拼装并进行全面验收。验收合格的钢模板准许投入使用。模板安装前，将表面的杂物打磨干净，并均匀的涂刷脱模剂，在浇筑混凝土前对其固定牢靠。

（5）预应力张拉设备在使用前进行细致、严密的校验，并在施工中定期复核。

（6）预应力筋的张拉由经验丰富的人员操作，并有技术人员现场指导。张拉采用两端对称、同步进行，实行"双控"。

4. 桥面系工程质量控制措施

（1）桥面铺装施工前对梁面标高复核，当起拱值较大使桥面混凝土厚度不能保证时，可报请监理部门进行纵坡调整。

（2）桥面钢筋保护层以到顶面距离控制为主，要保证有足够的支撑筋，对有斜布加强筋的部位，将视施工情况采取对应措施。

（3）桥面混凝土面层施工前必须对梁面进行清理，保证其表面整洁，干燥，无尘土、杂物。

（4）在护栏混凝土浇筑的过程分层振捣，振捣棒不可碰撞模板、钢筋，防止模板平面位移、变形。

（5）护栏模板调整时用水平尺检查，保证内、外侧水平，加固采用在桥面预埋钢筋，用钢管加工定型三角架支立。

（6）在施工过程中，注意对护栏表面的保护，防止被污染或损伤。

六、新泽西护栏施工技术

（一）工程概况

本工程新泽西护栏位于路面中央，分基座和栏身两部分。基座位于基层顶面，宽80cm，厚16cm，高81cm。见图7-17。

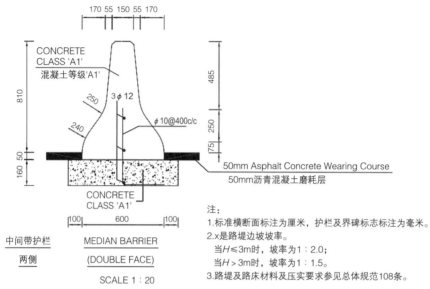

图7-17 新泽西护栏立面图

（二）施工顺序及方法

新泽西护栏底座在基层完后支模施工，预埋护栏钢筋。新泽西护栏墙身在16cm厚沥青基层施工完成后、磨耗层施工前进行。全线采用三套滑膜机施工。

（三）施工工艺

1. 施工准备

施工前，技术人员熟悉图纸，详知施工技术规范及图纸要求，注意护栏预留开口里程（设计图纸所示）及开口位置的设置要求。试验人员对进场材料进行检测，符合规范要求方能使用。

2. 施工方案

（1）新增护栏底座支模

待沥青基层施工完成后，可开始施工护栏底座。支模前对沥青基层顶标高进行复核，确保底座厚度。支模后要对混凝土浇筑高度进行弹线或其他方式标示，同时要对支模中线先进行校正，浇筑后要对底座顶标高进行复核。底座标高和中心线必须严格控制，避免出现底座高出路面和中心线偏移的情况。

（2）钢筋预埋

混凝土浇筑前先将需要预埋的竖向筋和一根纵向钢筋提前绑好牢固，注意保护层厚度及搭接长度满足规范要求。

（3）底座混凝土浇筑

混凝土采用拌合站集中拌合，混凝土罐车运输至现场。混凝土浇筑需振捣密实，浇筑过程中注意预埋筋的保护，避免出现预埋筋"散架"，如果预埋筋散开要及时重新绑扎修复。浇筑过程中，避免混凝土污染基层，及时清除掉落在沥青基层面的混凝土。

（4）护栏墙身滑模施工

①施工工艺流程及操作要点

新泽西护栏滑模机施工时，其高程和方向均以基准导线为基准，由机械的高程传感器和方向传感器来自动控制，基准导线的设置必须设置精确并稳固。导线桩柱应用警示带明显标志。直线段，基准导线标桩间距要求≤5 m；曲线段根据曲率的大小适当的加密导线桩间距，以使机器能够平滑转弯为准。

②混凝土要求

ⅰ 理论配合比确定后还要经过试验段进行微调，以便确定施工配合比，使混凝土护栏能够顺利成型，且外观质量无蜂窝、麻面、开裂等缺陷；

ⅱ 由于新泽西护栏需要一次成型，摊铺时最佳坍落度控制在3~4cm，充分考虑运输过程中的坍落度损失。

③混凝土护栏滑模机施工（图7-18）

ⅰ 调整好高程和方向传感器，滑模摊铺机就位；

ⅱ 混凝土罐车对准摊铺机输料皮带料斗卸料，材料经皮带传送至摊铺机震动仓；

ⅲ 将振动棒调整至合适的振动频率，在摊铺高度大于80cm的水泥混凝土护栏时，摊铺机需配置5根高频振动棒。起步时，先充分振动，确保起步时的材料充分振动密实并充满模具；

ⅳ 起步后尽量保持匀速，随着摊铺过程的进行，如果发现材料稍微变干，表面小孔增多，可以相应地调大振动频率或略微降低摊铺速度，较佳的摊铺速度是0.8~1.5m/min；

图7-18 新泽西护栏施工

　　v 摊铺过程中要保持震动仓内混凝土材料的料位高度，防止出现表面缺料和麻面的现象；

　　vi 摊铺过程中应避免干扰基准导线；

　　vii 摊铺过程中出现整体断裂、缺料、蜂窝麻面等情况，需要立即修复。修复方法根据缺陷的具体情况采用立固定模板或夹板方式；

　　viii 缺陷较大时，可用手持小型振动棒补振，并及时进行表面修复；

　　ix 预埋的排水管，摊铺后清除表面混凝土即可。

　　（5）养生

　　混凝土浇筑完成后，注意洒水养生，保证混凝土处于湿润状态。如果水源供应不足，可采取喷洒混凝土养护剂进行养护。

七、ITS工程施工技术

（一）人员准备

　　ITS由专业人员负责组织管理施工，做好充分准备。在具备施工条件的情况下，施工队伍根据工程进度安排提前进场，熟悉施工现场环境，做施工准备，建立补充耗材和辅材的供应渠道。一旦条件允许，马上开始不间断的连续施工。

（二）设备、材料准备

根据施工的工序和工期分析，按需求紧迫程度定义各项分项工程，并制定出相应的采购顺序，提前编制设备、材料采购计划，由于主要设备和材料均是国外进口，均提前3个月考虑。

（三）施工顺序

第一阶段为联合设计阶段，本阶段组建联合设计小组，分别负责收费系统、通信系统、监控系统联合设计工作。

第二阶段为设备采购与前期工程施工阶段，本阶段专业工程队伍进场，设备采购与运输正式开始，现场物料管理员负责设备接收和现场物料管理，前期施工主要进行土建缺陷处理，施工队开始进行收费岛、外场情报板、摄像机基础等土建施工。设备安装队伍开始进行电缆沟电缆支架安装、管道敷设工作。

第三阶段为设备进场安调阶段，本阶段专业工程队进行光缆敷设、接续与测试工作；电缆敷设施工队负责电缆敷设工作；机电设备安装施工队负责设备支架、钢结构件、所有系统设备的安装工作。

第四阶段为分系统调试阶段，各分项系统调试及系统联调阶段。

第五阶段为开通试运行阶段，本阶段联调人员继续在场确保开通成功。

（四）施工技术方案

1. 施工方法说明

根据卡·拉项目机电系统各分项工程施工的特点，对每个分项工程采用按工序施工的方法，实施交叉施工和平行施工。为保证各分项工程的工序衔接和进度，施工前做到三个落实：落实施工现场作业面，落实施工用主材、辅材和耗材，落实施工工艺。根据三个落实情况合理安排施工计划，条件允许的分项工程和工序先行实施，做到既有条理，又能见缝插针，既提高工作效率，又加快施工进度。

一般情况下，在房建、土建等施工单位提供相应的作业面后，监控、通信、收费系统等才具有开工的条件，各机电施工作业组要密切关注并主动协调与自己承担的分项工程相关的其他工作的进度，主动寻求作业面。

2. 监控系统施工方案

（1）外场设备立柱及机箱安装

外场设备中的遥控摄像机、车辆检测器等外场设备均需要安装立柱或机箱。

因立柱在施工现场装配，强度要求在40m/s的强风下不损坏。施工时一定要注意各组件之间连接的紧固性，立柱与基础之间的连接更要紧密牢固。为保护外场设备的正常运行，在安装过程中还要十分注意机箱防雨水渗漏。

因机箱金属板外层都进行了表面防腐蚀处理，安装时需注意外层保护，不能损坏。接地导体务必与底座焊接接地，工作接地与防雷接地端子共用一个，接地电阻≤4Ω。箱体门与箱体间应加装密封橡胶条，防雨水渗漏。机箱顶部、侧部缝隙应用防水胶密封。

（2）摄像机安装

摄像机安装一般与立柱安装同时施工，可将摄像机的相关结构安装件，预先与立柱连接，然后安装摄像机，接好相应的引下缆线后，用吊机将立柱吊装到位。

摄像机支架需平稳、安装牢固，转接机箱内设备严格按施工图安装，机箱的固定螺丝在安装完毕后用玻璃胶密封。各个接线端子接头压实，BNC头固定后用自粘带包裹严实。摄像机安装完毕后，用玻璃胶密封所用支架、机箱上的接缝，以防进水。具体操作如下：

在项目部将摄像机、变焦镜头、云台和防护罩进行组合，并调整好变焦镜头的后截距以及其他电气性能。

遥控摄像机整体安装在摄像机立柱顶部，接好相应的视频电缆和信号电缆；立柱避雷针及引下线同时连接完好。

用25t吊车将摄像机立柱吊起，对准摄像机基础的地脚螺栓套入，将基础螺栓紧固到位，严格控制立柱的垂直度指标在4mm/10m范围内。

安装摄像机控制箱及控制箱内的电源盒、解码盒、光端机和尾纤盒。进行光纤尾纤的熔接；连接电源线、信号线、视频线。在摄像机立柱中，将避雷接地引下线与接地扁钢延长段用铜螺栓可靠固定。

（3）车辆检测器安装

环型线圈安置在切割路面的槽里，其宽度为5~8mm，深度为6~8cm，在将金属线放入之前应将槽中杂质彻底清除并使槽内干燥，环形线圈距钢筋等金属物至少5cm，安置线圈的槽内除了线圈本身外不得有其他任何导体，安置的线圈应当离开任何可移动的金属物品至少1.4m以上，引入导线每米缠绕至少15圈，导体应尽量靠近以消除线圈和检测器之间形成不需要的检测场，线圈和引入线对地的电阻在500V电压时测量应大于10MΩ，串联电阻应小于10Ω。

（4）大型情报板安装

①安装立柱安装准备：清洁基础法兰上的地脚螺栓。分别起吊左右立柱，下法兰与基础法兰平面贴合，初拧地脚螺母。

②安装横梁：用钢丝绳穿过横梁走台钢板中央孔口，吊起横梁搁置在两立柱上法兰之上。事先已经站在左右两固定铁笼内的安装工，用撬棒，穿过立柱上法兰及梁法兰的对应孔，不断校准，使法兰上的全部安装孔对准、并穿上螺栓。调整立柱上下法兰螺栓，以保证立柱的垂直度。必要时需在基础法兰平面上加垫片。龙门架安装后，立柱垂直度和两法兰面上法兰面平面度误差均小于18mm，横梁直线度和水平度误差均小于40mm，横梁、立柱法兰接面间隙小于5mm，横梁下缘至路面基准平面净空高度误差控制在+100mm，−20mm。

③拼装屏体：按行车方向观察可变情报板，确认左、右端面。模组与模组之间联接之前，采用有机硅免垫密封胶，确保不渗漏进水。采用镀锌六角头螺栓联接。现场安装单元模组，螺栓拧紧，屏体大平面调平，保证误差控制在±2mm/m²。对接缝隙采用有机硅免垫密封胶，确保不渗漏进水。

④吊装屏体

将连接好的屏体整体吊装至龙门架横梁上，调整水平及对中，要保持整体平直，符合技术要求。

3. 通信系统施工方案

（1）光传输设备安装调试

①机架安装：确定机架安装位置，划线打孔，用膨胀螺栓固定好机架底座。将机架放在底座上，调整好水平垂直度后用螺栓紧固。

②线缆连接：机架外部线缆应进入金属桥架布设，如两设备相邻或距离很近，不需进入桥架时，应加金属/塑料软管保护，防止划伤。机架地线连接，由机架地线引出端连接截面积为25mm²的多股铜线至地线汇流排。机架内部布线，包括内部电源线、地线的连接，注意要接触良好，用螺栓固定时，线头前端要用环型接线端子压接。

③网管终端安装：确定网管终端安装位置，将台式网管终端安装在终端桌上，连接计算机电源及信号线，安装操作系统及网管软件，用串口线连接设备控制盘至计算机串口或网口。所有线缆在桥架内布设，桥架与地板之间用金属软管连接，软管两端用端头固定。

④加电调试：在加电调试之前，应先检查电源和光通道。电源为2路−48V直流，应至少选用6A容量；光通道应保证衰减在设备允许的动态范围内，并保证无主备光通道错纤的情况。

（2）远程控交换设备

①施工准备：机架无弯曲变形，设备表面无损伤，油漆完好。按装箱单清点设备生产厂方提供的设备材料的到货情况，检查厂方提供的备板、扩容板、机架内板、各类电缆及安装附件是否与装箱单相符，及时把短缺材料情况传真给供货商。

检查中继电缆路由，并确认DDF的中继电缆的位置安排，及需要的中继电缆的焊、绕接材料。勘察用户电缆路由，并确认MDF的用户号码排列及MDF的横列端子能否满足本次工程要求。

②机架安装及检查：项目设备机架都应有防震底座连接与地面均匀加固，每个底座不少于4个点，底座与地面连接采用膨胀螺丝，规格为M10mm。

机架安装按平面图施工。机架的安装水平垂直偏差≤3mm。检查机架与防震底座的连接螺丝是否上紧。

③架内、架间电缆的放绑及检查：按设计和安装文件及架间电缆上所印的电缆型号、长度、代码进行分类，并贴好标签。架内、架间电缆按先短后长的原则逐条布放，布放完成后按设计文件核对。列间电缆长度有余量的，应放在架顶（或架下）线缆槽内。线槽内的电缆要理顺，排列整齐，绑扎松紧适度。

④电源线布放检查：电源电缆严格按设计文件施工，末端用热缩套管套紧，与机架连接的电源线夹具要夹紧、牢固，做线鼻子时，电缆用热缩套管，防止铜丝外露，电源两端要贴签，并标明正、负极性。

⑤用户电缆、中继电缆布放及检查：用户电缆布放前按MDF号码分配设计及安装文件，用户模块的物理位置与MDF用户号码的对应关系，并考虑好用户电缆走向及布放顺序，注意为以后扩容预留好位置。

⑥附件安装及检查：机架接地线螺栓要紧，接触良好。机架门开关要顺利。

（3）MDF、ODF、DDF安装

①机架安装：确定好机架安装位置，划线打孔，用膨胀螺栓固定好机架底座。将机架放在底座上，调整好水平垂直度后用螺栓紧固。

②缆线连接：电缆要在线槽内布设。机架地线引出端连接截面积为25/16mm^{2}的多股铜线至地线汇流排。MDF、DDF、ODF上均要贴有标签以标注线序。MDF 内外线侧打线，内外线之间跳线，布线要横平竖直，美观清晰。DDF内外线制作同轴电缆插头，内外线之间跳线，所有插头应插牢，跳线用线扎固定。DDF接头及连接方式与选型有关。

（4）通信电源系统

①机架安装：确定好机架安装位置，划线打孔，用膨胀螺栓固定好机架底座。将机

架放在底座上，调整好水平垂直度后用螺栓紧固。

②线缆连接：输入、输出电源电缆均在桥架内布设，机架地线引出端连接截面积为25mm²的多股软铜线至地线汇流排。

机架外部线缆连接，包括交流电源线、直流电源线、监控电缆等，布线时应注意将线缆绑扎整齐，余长盘好固定，直流输出电源线应按施工图上所标顺序制作标签，以便调试和维护时分辨，电缆应预留足够长度，以便连接待供电设备。

③加电调试：检查电源均充、浮充电压，限制电流，温度控制等主要参数并设定为适当值。待其他设备安装并接线完毕后插上熔断器，检查输出是否正常。注意在确认输出正常，且输出电源线已在待供电设备上接好之前，需对输出电源线线头进行可靠包扎绝缘。

安装电源监控终端，运行集中监控软件，检查遥测、遥信、遥控功能（视具体情况而定）。

④蓄电池组的布放，符合下列规定：立放蓄电池组之间的走道净宽不小于电池宽度的1.5倍，最小不小于0.8m；立放蓄电池组一端靠墙设置时，列端电池与墙之间的净宽一般不小于0.2m；立放蓄电池组一端靠近机房出入口时，留有主要走道，其净宽一般为1.2~1.5m，最小不小于1m；

⑤进行直流电力线的布放，包括：直流屏至蓄电池、程控交换机、光纤数字传输设备、综合接入网设备、地线。地线的布放，包括：部分站地线的埋设、地线组至地线排、地线排至通信设备的保护地。

（5）光缆敷设

①光缆敷设：敷设前须对管道通畅情况进行检查，如遇管道被木塞或石块堵塞，应予以清除；如管道被打断，则需更换硅芯管。干线光缆敷设通常采用"吹缆法"。在施工路段放置安全锥，确定A、B端的吹向和所占用的硅芯管位置；将吹缆机安放到合适位置，摆放好气吹机工作台（气吹机工作台应平稳摆放在地面上），用螺栓将光/电缆主动推进器固定于工作台上。

设备调整好后，放入软木塞或缆头进行试吹，将光/电缆被动推进器安装于主动推进器之上并固定好（注意：固定时以推进器上、下履带导槽严格吻合为标准，即上下导槽槽芯走向处于同一直线上，且光/缆位于槽芯处），调整压力调节阀，逐步加压，同时反复来回推拉光缆，直到上下履带能随光/电转动行进，且推拉自如为止。

从硅管吹入端注入适当的润滑油，用高压胶管将气吹机与空压机连接起来，并仔细检查胶管与空压机和吹缆机的连接处是否牢固可靠，若气吹过程中发生脱落，则可能会造成人身伤亡及设备损坏。

开启空压机，并调节空压机排气压力至6-7bar，开启主动推进器气阀，然后将电动操作器上开关置于"ON"，此时光/缆即被吹进。吹进开始后，保持匀速直至全部吹进。

井外的光电缆按照施工要求留下一定长度，用防水胶布裹好，盘好并绑扎于人井内壁；同时，记录余缆长度和所属盘号，并将余缆带回驻地保管。

整个缆线敷设过程中，需严格控制施加在缆线上的外力，确保缆线的质量和安全。严格控制光缆的动态弯曲半径及静态弯曲半径并尽量不使光缆发生扭曲以确保光缆的使用寿命。在需要对光缆进行接续的人井中，二段光缆需作各5m的盘留，若暂不实施接续，则应在其端头加装护套。缆线进局后，对其进行绑扎固定，挂牌。

②光缆接续：按照规范要求需在十分洁净的环境条件下进行接续操作，为此所采取的工程措施是使用专用汽车以营造一个洁净的接续环境。

为保证光缆信号传输质量，应严格按照光缆接续工艺规范进行光缆接续（详见《高速公路光缆接续工艺规范》），控制各个接点的接头损耗。

注意观察光纤熔接机上的接头损耗预估值，如损耗明显偏大，则不进行封套缩管，切断重新熔接。

采取双向测试法，对熔接点进行损耗双向测试，取两端测试值的算术平均值为该点的测试结果，如测试结果符合规定要求，则封套热缩管，否则切断重新熔接。

封闭光接头盒，盘留的光缆打环捆扎，牢固挂在人井中的缆线爬架上，并在硅芯管的管口加装堵头以防鼠害侵扰。

4. 收费系统施工方案

（1）电动栏杆机的安装

电动栏杆安装要牢固、平稳，同向的电动栏杆要安装在一条直线上。栏杆机的横臂要调整水平，控制线接插头必须镀锡处理，以确保接触良好。电源线在预埋管口处要用塑料套管护住，接地线按规定接牢。

（2）车辆检测器的安装

①施工前的准备工作：对车辆、开槽机、空气压缩机、清洗机、发电机、冲击钻以及必需的工具和辅材进行检查和保养，以保证施工的正常进行；核实所需的环氧树脂及固化剂的数量。

②路面切割：施工现场，将线圈埋设部分及附近路面打扫干净；画线，要求沿收费岛延伸20m左右以确定顺直线，利用勾股定理以保证线圈与收费岛的垂直及水平度，确定关键点后用墨斗将开槽位置画出；开槽，由经验丰富的技术工人操作开槽机，采用5mm锯片，要求切割深度为60～70mm，宽度5～6mm，切缝顺直；清理切缝，用高压清洗机将切缝中和附近的杂物清洗干净后，用空气压缩机将切缝内的水吹出；切缝的

干燥，可采取自然风干和喷灯烘干两种方法。

③敷设：为防止封装时环氧树脂流出污染路面，用胶带沿切缝固定以保护路面；首先在电动栏杆处预留1m，然后将环线沿顺时针方向放入切缝，放满3圈后，与预留段双绞，要求不小于10绞/m；采用金属软管对预留线进行防护，并用胶带封口。

④封装：将环氧树脂与固化剂按配比配合；沿切缝将配好后的环氧树脂仔细地灌入，尽量避免流出切缝；待封装材料基本凝固后，清理现场。

⑤测试：对封装好的线圈进行测试，以保证其埋设后的线圈参数符合系统要求。

（3）亭内摄像机安装

摄像机安装开孔尽量开圆，以保证摄像机调整时角度转动平稳。

埋设在收费亭内的SYV–75–5视频线和电源线在安装摄像机前用表测量，摄像机BNC头用专用压线钳压实，+12V电源线接牢。

摄像机调试完成后把摄像机变焦、聚焦、光圈固定螺丝及摄像机支架螺丝固定紧，防尘罩在盖上前清洁干净。

（4）车道摄像机安装

车道摄像机立柱的地脚螺栓固定紧，并要有防锈处理，立柱出线孔到摄像机的外露线加套管保护。

摄像机调试完成后把摄像机变焦等的固定螺丝及摄像机支架螺栓固定紧。立柱上的通行信号灯支架在立柱上固定牢固。

（5）广场摄像机安装

广场摄像机立柱安装平稳牢固，转接箱内设备按施工图要求安装，转接箱固定螺丝在安装完毕后，用玻璃胶密封。

摄像机接线板安装在广场摄像机立柱内，控制线、24V电源端子接头要压实，BNC头固定后要用自粘胶带包实。广场摄像机安装完毕后，须用玻璃胶密封所有接缝，以防进水。

八、服务区基于BIM的管网综合深化技术

（一）实施背景

线路里程KM974、KM1045和KM1109设计3处服务区，每处服务区沿线路左右两侧设置，单侧房建面积为8032.59m²，3处服务区共计房建面积为32130.36m²。服务区涉及专业、管线繁多。地下电力、通信、给水、排水、消防、雨水、污水管道互相穿

插，布置复杂。针对这种情况，采用了BIM技术对服务区地下管网的深化设计。

　　传统的二维CAD设计过程中，电子图纸需在各专业之间进行多次的双向传递，极易导致某一专业修改的内容被遗漏、最终的蓝图中存在不一致的内容，管线碰撞冲突点会在施工中暴露，引起设计、施工、监理等环节产生返工或变更等一系列问题，会导致建设工期延长和成本增加。

　　BIM技术可以把各专业设计数据整合为一个信息化的三维建筑模型（BIM模型），用以表达建筑、结构、设备之间的空间相互关系。通过BIM模型，设计人员能够及时发现设计中所有的碰撞冲突，迅速优化碰撞点。

（二）BIM实施组织及流程

　　1. 成立BIM 小组。为保证BIM 技术的运用，提高综合管线设计及现场施工的进度及质量，项目成立了BIM 小组。

　　2. BIM 软件的选择。经项目综合考察分析，Revit 软件市场占有率较高，服务及功能较为完善，故采用Revit 软件。

　　3. 设备的配置。Revit 软件对所使用的硬件设备要求较高，项目根据相应的要求配置了安装大容量内存、高性能CPU和显卡的电脑以及无人机等设备。

　　4. 建立族库。根据常用的设备材料，建立水、电、暖通、消防等各专业材料设备的三维族库，并根据不同专业的需要，不断充实和完善族库。

　　5. 结合工程进行建筑结构和设备建模。运用BIM 软件，根据二维建筑结构和各专业施工图纸，建立三维的建筑结构和管线模型。

　　6. 三维碰撞检查。通过BIM 软件中的碰撞检测功能进行模型的碰撞检测，并出具碰撞检测报告，根据报告逐一检查及排除碰撞点位。

　　7. 绘制施工详图。根据最终的施工现场，局部调整BIM 模型，完成竣工BIM 模型。画详细的大样图，出图后再到现场认真核对，再进一步修改，最终完成管线综合图。

（三）管线工程综合设计原则

　　1. 大管优先。

　　2. 临时管线避让长久管线。

　　3. 有压让无压是指有压管道和无压管道。

4. 金属管避让非金属管。

5. 电气避热避水。

6. 低压管避让高压管。

7. 强弱电分设。

8. 附件少的管道避让附件多的管道。

（四）管线交叉排列顺序

1. 各种工程管线不应在垂直方向重叠直埋敷设。

2. 给水管道应在排水管道上面。

3. 煤气管道应在其他管道上面（热力管道除外）。

4. 电力管道应在热力管道下面、其他管道上面。

5. 热力管应在可燃气体管道及给水管道上面。

6. 工程管线在交叉点的高程应根据排水管线的高程确定。

（五）BIM技术实施结果

采用BIM技术对服务区地下管网的深化设计，整合了相关图纸，优化了管道布置，避免了管道碰撞，节省了材料，精简了施工工序。有效地提高了综合管网深化设计及施工的合格率，扩大了各专业交叉同时施工的工作面，减少了施工现场的返工量，极大地提高了施工工效。

第八章　维护

Chapter 8　Maintenance

第一节　概述

在拉合尔·阿卜杜勒——哈基姆段高速公路项目中，按照承包商与巴基斯坦国家公路局签订的协议要求，承包商应为道路使用者提供安全、舒适的行车环境且在维护期（从工程竣工日期起三年时间）内，所有的维护工作均由承包商进行，维护和维修的项目见表8-1。

主要维护项目清单　　　　　　　　　　　　　　　　　表8-1

	维护项目	维护时限
	道路	
（a）	行车道	
（1）	道路中断	24小时内临时恢复；15天内永久恢复
（2）	1km范围内的粗糙度值超过2000mm（通过校准后的颠簸累积仪测得）	120天
（3）	坑槽	24小时
（4）	道路表面内的任何开裂	15天
（5）	道路表面超过10mm的任何凹陷、车辙	30天
（6）	泛油和打滑	7天
（7）	道路上的任何其他缺陷/病害	15天
（8）	路面边缘的损坏	15天
（9）	清除杂物，死亡的动物	6小时
（b）	土路肩，边坡，排水沟和涵洞	
（1）	大于规定的预拱坡度/横坡的1%的变化（不应该低于主行车道上的预拱度）	7天
（2）	路肩的边缘沉降超过40mm	7天
（3）	相对于规定，边（路堤）坡的变化超过15%	30天

	维护项目	维护时限
（4）	边坡内的雨水排水槽 / 排水沟	7 天
（5）	涵洞和侧排水沟的损坏或淤积	7 天
（6）	城市 / 半城市地区排水沟的清淤	24 小时
（7）	栏杆，护栏，防撞护栏	7 天（如导致安全危害则立即恢复）
（c）	路边附属物，包括道路标志和路面标线	
（1）	形状或位置损坏，能见度较差或者失去回归反射	40 小时
（2）	公里石桩、栏杆、护栏、防撞护栏的涂漆	当需要时 / 每年一次
（3）	需要更换的受损 / 缺失的道路标志	7 天
（4）	道路标志的损坏	7 天
（d）	道路照明	
（1）	系统的所有主要故障	24 小时
（2）	缺陷和小故障	8 小时
（e）	树木和植物	
（1）	行车道上方 5m 最低净空内的障碍，或者道路标志能见度的障碍	24 小时
（2）	从行车道移除倒伏树木	4 小时
（3）	乔木和灌木健康状况恶化	及时洒水和处理
（4）	需要更换的乔木和灌木	30 天
（5）	移除影响视线的植物和道路结构	15 天
（f）	休息区	
（1）	卫生间清洁	每隔 4 小时
（2）	电气、供水和卫生设施的缺陷	24 小时
（3）	建筑物和停车场的所有结构和装备缺陷	10 天
（g）	[收费站]	
（h）	其他项目设施以及引道	

	维护项目	维护时限
（1）	引道、人行道设施、卡车停靠区、公交站、公交车候车亭、交叉路口，[交通急救站，医疗急救站]以及服务道路	15 天
（2）	道路上的受损车辆或杂物	4 小时
（3）	移动式起重机故障	4 小时
	桥梁	
（a）	上部结构	
（1）	任何损坏，裂缝，剥落/脱屑 临时措施，永久措施	48 小时内 15 天内或者业主代表指定的时间
（b）	路基和边坡	
（1）	冲刷或空穴	15 天
（2）	边坡防护工程	10 天
（c）	桥墩，桥台，迂回墙和翼墙	
（1）	开裂和损坏，包括沉降和倾斜，剥落，脱屑	30 天
（d）	桥梁轴承（金属）	
（1）	轴承的变形，损坏倾斜或移位	15 天 金属轴承每年一次上油
（e）	接缝	
（1）	接缝故障包含所需的更换	15 天
（f）	其他项目	
（1）	弹性轴承垫变形	7 天
（2）	清除轴承和接缝内的污垢；或者落水管、泄水孔和通风孔内的堵塞	3 天
（3）	路肩、护栏、扶手和防撞护栏内的损坏或退化	3 天（造成安全危害24小时内修复）
（4）	引道边坡路堤的雨水槽或侵蚀	7 天
（5）	磨耗层的损坏	15 天
（6）	搭板、护堤石、裙板、踢脚板、地板或引堤的损坏或退化	30 天
（7）	影响结构物或阻碍水道的植物生长	15 天

第二节　维护管理体系与维护计划

一、维护管理体系

为"按期、优质、安全、有序"地完成工程维护任务，保持路面、桥梁及其附属设施等处于良好的技术状态，从而保证项目道路、桥梁具有快速、安全、舒适、畅通、经济的使用性能，我方根据维护要求设立维护项目部，包含人力资源部、工程部、合同计划部，安质部，财务部，保障部和办公室7个职能部门，项目部下设4个工区和1个碎石场，组织机构图见图8-1。

图8-1　组织机构图

二、维护计划

（一）维护团队人员配置

根据项目维护的特点和维修进度安排，按照"结构合理、效率高、专业合适、专业齐全、满足工程需求"的原则进行劳动力安排。项目共安排230人，其中管理、服务人员38人，生产人员192人。中方人员30人，巴基斯坦籍人员200人，人员配置计划见表8-2。

人员配置计划　　　　　　　　　　　　　　表8-2

类别 数量	管理、服务人员		生产人员		备注
	中方人员	巴基斯坦籍人员	中方人员	巴基斯坦籍人员	
人数	30	8	0	192	
小计	38		192		
合计	230				

（二）维护任务分工

根据维护项目的要求和特点，为了便于施工组织和管理，划分为4个工区，每个区段配备独立的资源管理、施工营地。详细任务分工见表8-3。

维护任务分工表 表8-3

序号	工区名称	维护队伍	负责里程	主要任务
1	一工区	维护1工班	km1009+000 ~ km1044+000	辖区高速公路、互通区日常运营维护，绿化维护
		维护2工班		
2	三工区	维护1工班	km1044+000 ~ km1079+000	辖区高速公路、服务区、互通区和业主小营地日常运营维护，绿化维护，波形护栏、凸起标、轮廓标更换
		维护2工班		
3	四工区	维护1工班	km1079+000 ~ km1114+000	辖区高速公路、服务区、休息区、互通区日常运营维护，绿化维护
		维护2工班		
4	二工区	维护1工班	km1114+000 ~ km1146+950	辖区高速公路、互通区和业主大营地日常运营维护，绿化维护
		维护2工班		

（三）主要机械、设备配置计划

为更好地完成高速公路日常维护任务，根据工程的实际情况，统筹安排，突出关键工序和特殊工序，合理安排机械设备，是保证施工效率和施工质量的重要前提。

（1）日常维护主要施工机械设备：皮卡车、清扫车、洒水车、随车吊、发电机、切割机、空压机、风镐、吹风机、沥青拌合站、混凝土拌合站、装载机、沥青摊铺机、自卸车、胶轮压路机、双钢轮压路机、打桩机、压浆设备等。详细见表8-4。

维护期投入主要机械表 表8-4

序号	机械名称	单位	项目部	一工区	三工区	四工区	二工区	数量合计
1	皮卡车	辆	4+2	2	2	2	2	14
2	清扫车	台		1	1	1	1	4
3	洒水车	辆		6	6	6	6	24
4	随车吊	辆		1	1	1	1	4
5	客货车	辆		1	1	1	1	4

序号	机械名称	单位	项目部	一工区	三工区	四工区	二工区	数量合计
6	发电机	台		1	1	1	1	4
7	切割机			1	1	1	1	4
8	空压机			1	1	1	1	4
9	风镐			1	1	1	1	4
10	吹风机			1	1	1	1	4
11	沥青拌合站	座					1	1
12	混凝土拌合站	座					1	1
13	50 装载机	辆					2	2
14	沥青摊铺机	台					1	1
15	自卸车	辆		1	1	1	1	4
16	胶轮压路机	辆					2	2
17	双钢轮压路机	辆					1	1
18	打桩机	台			1			1
19	压浆设备	套		1		1		2

（2）日常维护主要试验检测仪器及其他设备：灌砂法试验仪器、重型标准击实仪、天平、干燥器、压力试验机、水泥抗折试验机、砂石料筛、砂石压碎值仪、沥青混合料马歇尔试验仪、马歇尔击实仪、沥青抽提仪、自动安平水准仪、全站仪、移动标志车、高速公路施工标志等。

第三节　维护方案及安全维护措施

正确和及时地维护道路是保证行车顺畅的关键。俗话说得好：小洞不补，大洞吃苦。在维护操作中稍有疏忽就可能造成非常大的危害，特别是在EPC项目中，维护周期为3年，道路要以令业主满意的状态交付给客户。在高速公路的设计寿命期内，高速公路及其附属设施会受到车辆交通、外力、气候和其他自然灾害的影响和威胁，及时有效的维护对高速公路的平稳、安全、经济运行至关重要。因此，我方一直面临着高效维护的挑战，以保证道路安全、高效地运营。

一、维护方案

以日常保养、维修及预防性维护三方面为出发点，选择合理的施工方案，降低维护成本，提高维护效率。

（一）日常保养

1. 路况检查

人员配备：各工区技术负责人兼职本路段的路况普查员。路况检查分日常路况巡查、定期普查和特殊检查三种方式。

（1）日常路况巡查

每天对全线路基、路面、桥涵等进行的巡视检查。日常路况巡查由巡查车每天进行一次，发现问题及时处理。

（2）定期普查

对全线路基、路面、桥涵构造物设施进行全面、详细的检查。每年进行两次，并对普查结果进行技术状况综合评定，提供维护决策依据。

（3）特殊检查

对道路遭受自然灾害（如水毁、干旱、地震等）以及交通事故造成损毁的调查，并且做到"见大雨上路、见大风上路"。

2. 路基的日常维护（图8-2）

主要包括：路基各部分的日常巡视、定期检查和保养整修，以及小范围路基毁损修复、小范围路基圬工修复。

图8-2 路基边坡维护

（1）路基各部分经常保持完整，各部分尺寸保持规定的标准要求，不损坏变形，经常处于完好状态。

（2）路肩无坑洼、隆起、沉陷、裂缝、缺口，横坡适度，路肩石及缘石边缘顺适，表面平整坚实、整洁，与路面接槎平顺，排水顺畅。

（3）边坡稳定、坚固，平顺无冲沟、松散，坡度符合规定。

（4）挡土墙、护坡等设施保持完好无损坏，泄水孔无堵塞。

（5）做好塌方等病害的预防、治理。

（6）及时清理路基红线范围内的杂物，保持路容整洁。

（7）及时修复小范围路基毁损。

（8）圬工结构修复采取措施保证新砌筑部分与原有结构的良好结合。

（9）清理的杂物运至指定的地点。

3. 排水系统的日常维护

主要包括：路基排水系统的日常巡视、定期检查和保养疏通，以及排水系统的小范围毁损修复（图8-3）。

（1）保证排水设施完好，水流畅通，不给路基路面工程造成质量隐患和影响正常的农耕生产。

（2）经常性地对泄水槽进行清理、疏通，使其保持清洁畅通，无杂物，无淤积，无杂草。

（3）经常性地对排水沟等排水沟渠进行清理疏通，使其保持清洁、畅通，无明显淤积，且纵坡符合要求，进出口维护完好，保证路基、路面不积水。

（4）经常性地对涵洞及通道排水系统进行疏通，使水流在任何情况下都能顺畅地通过涵孔排到适当地点，保证洞身、涵底、进出水口、护坡和填土的完好，保证涵底无明显淤积。

（5）经常性地对蓄水池进行清理保养，使其保持良好的使用状态。

（6）及时对排水系统及蓄水池的圬工结构进行维护，及时对原勾缝、抹面的脱落损毁部分进行修复，及时对新出现的裂缝进行勾缝，及时修复小范围圬工结构毁损。

（7）清理的杂物运至指定的地点。

4. 路面的保洁

主要包括：路面日常巡视、定期检查和保养清洁。

（1）每天坚持清扫路面，及时清除路面及新泽西护栏附近的杂物，保证路面整洁。超车道根据路面情况合理安排人员进行清扫（图8-4）。

（2）雨天应及时清除路面积水，消除行车侧滑的安全隐患。

图8-3　路缘石修复

图8-4　路面清洁

（3）及时清理路面污染，经常清理桥梁伸缩缝、泄水管，保证伸缩正常，排泄畅通。

（4）清理的杂物运至指定的地点。

5. 休息区日常维护（图8-5）

主要包括：建筑结构及装修维护、门窗维护、配套设施维护、水电设施维护。

（1）休息区建筑、附属配套及各类设备维修维护，由所属工区每周按时检查，及时安排维修，进行适时保养，保证完好率达95％以上。

（2）休息区建筑在使用过程中发现问题，如渗漏、管道破损、墙地砖开裂、涂料漆面开裂、吊顶损坏等，由所属工区及时修缮。

（3）休息区附属配套设施如水塔、围墙、化粪池、渗井等出现问题由所属工区及时修缮。

（4）铝合金门窗、插销、门锁等如有损坏，影响使用，应及时修复。

（5）休息区内供水、供电设施由水电工每周负责检修。

（6）一般电器、管道维修由运营单位报项目部安排修理。水电工对休息区内水电设施，定期定责巡检，发现问题及时组织安排修理。提高供电、供水质量，确保无常明灯、不亮灯、失控灯及长流水、死笼头、死闸阀，使休息区用水、用电正常化、规范化。

6. 建筑照明的日常维护（图8-6）

主要包括：应急照明灯、疏散指示灯、建筑室内照明、照明配电箱、内开关、接触器与电线的检查维护。

（1）所有应急照明灯、疏散指示灯由各层应急柜集中控制，为常明灯，不得随意关断。

（2）建筑室内照明分回路控制，按业主管理要求分时段控制开启。

（3）每月对开启的照明灯具进行巡检，发现不亮照明灯具，及时更换。

（4）检查出口疏散指示灯、玻璃面板有无划伤、破裂现象，发现故障及时修复，

图8-5 休息区日常维护

图8-6 建筑照明日常维护

若所连回路均不亮，及时检查集中应急柜和相应回路。

（5）每月检查灯具是否安装牢固可靠，灯头接线端是否松头。

（6）每季度排出计划对所有照明进行一次表面清洁、除尘、保持灯具光源照度。

（7）每月照明配电箱作一次检查，清扫除尘。

（8）内开关、接触器与电线的接触情况，螺丝有无松动，标识是否脱落。所有开关进出线进行一次紧固、检查。

（9）火漏电报警：进行自检试验，分析及漏电等功能。

（10）内线间对地绝缘电阻值。（必须大于0.5MΩ）

（11）工区电工负责所用电线路的维护和检修，及时解决用电中的各类问题。

7. 路灯的日常维护

主要包括：路灯灯具、电器、控制柜及检查口损坏材料的维修更换。

（1）系统掌握好区域内路灯实施具体位置及情况，建立健全日常巡查管理台账制度，认真做好台账的整理和归档工作，按时报送相关周报、月报、维修计划、维修工作报表。

（2）对管辖区范围内的所有路灯进行日常的巡查，一个星期不少于三次，确保室内外照明系统亮灯率98%，片灭率1%以下，半夜灯规范率98%以上，灯容灯貌合格率98%以上。

（3）路灯控制柜的日常检测、调校与维修。

（4）路灯灯具、电器、控制柜及检查口损坏材料的维修更换。

（5）交通事故造成的路灯赔偿事宜。

（二）维修

1. 裂缝处理

（1）裂缝宽度在2mm以上

对于2~5mm的裂缝采用流动性好的冷灌封料填补裂缝；对于大于5mm的裂缝采用高聚物密封胶灌入缝内，并填入干净的石屑或粗砂作为骨料处理。灌缝效果达到视觉无冲击、行车无感觉。

（2）宽缝处理法

对一些较宽裂缝，采用上述方法无法起到密封作用时，应按宽缝处理。切割机、风镐沿裂缝走向干切、破除宽20cm以上沟槽，深度视路面厚度确定，加热、清理沟槽及周围，采用高分子抗裂贴对路面下层裂缝进行贴封（路面下层裂缝较宽时，应先灌缝），然后按坑槽修补方法修复沟槽。对于路面结构层或路基开裂，形成通缝的，需要分析形成机理，严密观测路基边坡和坡脚，有鼓胀、滑移迹象的，需要对行车道进行封闭，疏导交通，对路基和基底进行换填，或采用抗滑桩、挡墙等抗滑措施对路基本体进行加固，并对路面进行铣刨重铺。

2. 坑槽处理

（1）路面基层完好的面层类坑槽采用热拌沥青混合料修补

①测定破坏部分的范围和深度，按"圆坑方补"原则，划出与路中心线平行或垂直的修补轮廓线（成长方形或正方形）。

②用切割机沿修补的轮廓线切割，其深度切割至稳定部分。机械开槽，槽壁要垂直，清除槽内碎块和杂物，清理槽底、槽壁至干净、干燥。

③在槽底、槽壁喷粘层沥青。

④分层摊铺热拌沥青混合料，新填补部分应略高于原路面，高出量应根据坑槽深浅、用料的粗细及压实程度而定，必要时计算松铺系数。

⑤碾压密实，并与原路面保持平整。

⑥新补混合料稳定后，开放交通。

（2）路面基层损坏形成的坑槽先处理基层病害，再修复面层

①在沥青面层上划出开槽轮廓线，开挖沥青结构层，保持槽壁垂直，槽底平整稳定。

②清除槽内杂物，保持槽底干净，并喷洒少量的水，使槽底湿润。

③将拌和好的基层材料（低标号混凝土或水泥稳定碎石）摊铺槽内，振捣（夯实），整平。

④养生后（三天，或强度达到70％以上），按上述（1）所述方法恢复面层。

3. 路面沉陷

（1）微沉：纵向10m范围内沉降不超过3cm，跳车不明显，路面横向变形不明显，无积水现象，可不做处理。如有积水现象，可增设泄水槽。

（2）沉陷严重

①路基沉陷引起

应按照"桥头沉陷"处理方法：先压浆稳定路基，再重修路面至纵向平顺。

②基层结构破坏引起

应按照前述：路面基层损坏修复方法，先维修基层，再重铺沥青面层至纵向平顺。

4. 桥涵构造物

桥涵构造物常见病害是铺装层破坏（部分伴有企口缝损坏、单板受力）。防水混凝土铺装层完好，仅沥青混凝土面层损坏出现坑槽，可按照路面坑槽的修补方法处理。防水混凝土铺装层已损坏的，分局部和全桥面两种情况对待。

（1）铺装层局部破损

工艺流程：破碎铺装层→清理→恢复铺装层钢筋→浇筑混凝土→摊铺沥青面层

①将防水混凝土铺装层的损坏松散部分彻底清除并适当扩大范围，纵向、横向边缘线分别与桥梁中心线平行、垂直，其中纵向边缘线应避开企口缝。

②清除深度至梁顶，切忌野蛮施工损伤梁板。切齐接头部位，切割深度以不伤及钢筋为宜。

③恢复铺装层钢筋并适当加密，钢筋一般应焊接。按高于原设计标号的水泥混凝土恢复铺装层，铺装层厚度达不到原设计厚度时，应减小沥青面层厚度，保证水泥混凝土厚度。

④待水泥混凝土养生至设计强度的75%以上后，再恢复面层。

（2）全桥面铺装层破损（伴有企口缝损坏、单板受力）

工艺流程：破除铺装层→破除企口缝、板缝→清理→浇注板缝→绑扎铺装层钢筋→浇筑企口缝和铺装层混凝土→摊铺沥青面层

①破除铺装层：原桥面高程测量，破除铺装层，梁顶高程测量，以两端伸缩缝高程为控制，预留沥青面层厚度，进行桥面铺装拉坡。拉坡时应保证水泥混凝土铺装层厚度达到设计厚度。

②破除企口缝、板缝：风镐配合特制钢钎，彻底破除损坏的企口缝、板缝，切忌损伤梁板。

③浇注板缝：清理干净后，用细石混凝土（板缝大于2cm）或环氧树脂砂浆（板缝小于2cm）浇注板缝。

④绑扎铺装层钢筋：全桥面破除时，应对铺装层钢筋进行加粗加密设计，企口缝内

无预埋钢筋时，还应设置与铺装层钢筋绑扎的企口缝处加强筋。

⑤浇筑企口缝和铺装层混凝土：提高桥面铺装层和企口缝混凝土标号，采用水泥混凝土浇筑企口缝和铺装层。

⑥摊铺面层：水泥混凝土铺装层养生7天或强度达到设计强度的75%时，喷洒桥面改性乳化沥青防水层，摊铺沥青面层。

（三）实施预防性维护

预防性维护在延缓路面使用性能恶化速率、延长路面使用寿命和节约寿命周期费用等方面具有重要作用，在日常维护的第三年建议对全线进行含砂雾封层施工，有利于增强路面的防水功能，提高道路使用寿命，延长高速公路大修周期，同时也消除了新老路面的色差，形成一个良好的整体行车环境。

二、安全维护措施

在三年的维护保养期间采取安全措施如下：

（一）路面、路基维护安全措施

1. 对路基维护机械进行保养，消除事故隐患，有故障的设备不使用。

2. 做好机械和车辆驾驶员的安全培训和教育工作，所有操作人员在接受培训后上岗。

3. 沿途设置交通警示牌，维修开始前，专人负责监督检查所有安全警示设施以及机械设备的安全工作，以策安全。

4. 实行严格的机械安全管理和安装验收制度。维修机械、工具和电气设备应按照规定的安全和技术标准进行测试，并在符合要求的测试后进行安装。

（二）桥梁维护安全措施

1. 对所有驾驶员进行安全培训教育，接受培训后上岗。

2. 制定吊装安全技术操作规程。指定专人指挥整个起重过程，每次起吊前，应将环境因素通知起重机操作员。

3. 制定高空、边缘作业安全操作规程。维护过程中按安全操作规程设置边缘保护设施，员工须始终佩戴个人防护用品。

4. 为夜间维护提供充足的照明和警示，确保工作环境安全、合规。

5. 所有桥梁维修用电设备应配备安全保护器和漏电保护器，防止机械损伤和触电。

6. 定期检查电源和照明线路，防止发生漏电事故。遇有大风、雷暴等恶劣天气，停止一切室外作业。

7. 模板安装前，应做好脚手架、平台、梯子等牢固的设置。作业人员需系好安全带，施工脚手架、平台护栏均为封闭式。模板应自下而上安装，内外支撑牢固。脚手架地面应有垫木，并有防滑措施。

（三）现场安全维护措施

1. 在现场设置便于观察的安全警示标志，在建筑内设置通风口，确保通风良好。

2. 现场需有完善有效的安全设施，包括防火、大风暴雨、防雷设施，不得随意移动，如有损坏，应定期检查，及时修理。

3. 现场所有建筑物、构筑物及大型机械设备均加装避雷器。

4. 现场所有物料整齐稳定堆放，及时清理废旧物料，保持现场整洁有序。

5. 现场配电室设置外部围栏，确保安全。

6. 维修供水管道应远离不利地质区域，确保供水安全。

7. 现场设置消防设施，并定期维护。对消防人员进行消防知识培训，教育其遵守劳动纪律，预防火灾事故。电焊、气焊应指定专人看管，并设置灭火器。员工外出或下班时，工具间、材料存放处的电源需关闭。

三、维护期费用的管理

1. 维护期费用由业主按照总合同金额每年1.5%支付，三年总计为总合同额的4.5%，由承包商运营维护期内每年以计价形式上报业主完成支付。

2. 劳务费用以人员计划表为基准，根据现场实际生产需要进行人员增减，以工资形式发放。

3. 机械设备基本使用项目自有设备，项目自有人员进行维修管理，油料配件由项目统一采购。特殊设备如铣刨机等，如需使用以市场价以合同租赁。

4. 维修材料根据现场需求由技术部门提交申请经技术负责人及领导审批后由项目统一采购。

第九章 成果总结

Chapter 9 Achievements

第一节 管理成果

一、工程进度计划管理

项目从一上场就编制总体进度计划，对各分部工程确定开始及完成时间，并利用P6软件及时进行信息化管理，制定关键线路，提前确定材料计划，进口物资按照提前3个月考虑。项目结合总体施工计划给工区下达月度施工计划，由各工区对计划进行分解，编制补充计划或周计划，根据计划完成情况及时对计划作出调整，保证材料、设备及人员资源配置，确保月度施工计划的完成。

项目部开展多次劳动竞赛活动及各节点考核计划，以提高各工区的积极性，有效促进了整个项目的施工生产，掀起一阵一阵的大干高潮，为项目提前4个月完成施工任务做出了积极的作用，赢得了荣誉，取得了效益。

对工程重点及难点工程采取集中突破的方式进行资源配置及施工，针对全线所有跨河水中桥及终点M2互通立交桥，召开专题会议，每一个桥编制专项计划，每日考核，集中资源，在短短的40天内，完成4个桥的下部结构施工，保证了整个项目的关键节点，为架梁工作提供了通道。终点M2互通立交桥由于征地及运营单位协商问题，迟迟不能施工，在项目部多次与业主、运营单位及M2高速交警的沟通下，编制既有线安全施工方案及施工计划安排，组织一切可利用资源，在3个月时间内顺利安全地完成互通区立交桥及匝道的施工，体现了中国人特别能吃苦的精神，展现了中国速度，赢得了当地的广泛赞誉。

二、工程成本管理

项目部上场后明确项目"一级管理、两级核算"的管理核算模式，从计价模式、间接费预算、物资供应、设备供应四个方面下发相关的核算管理文件及办法，规范业务流程，理顺项目部与所属各单位关系，明确了职责和权限。

为严格预算管理，项目部根据巴基斯坦当地行业情况，制定了各专业工程及分项工程的指导单价，并拟定专业分包合同，各所属单位根据项目的指导单价，根据现场作业情况，适时地跟劳务队伍进行谈判，并按规定签署合同。特殊地段及特殊情况，经项目部研究讨论分析后决定。

及时进行对上、对下计价，项目部各部门及时对现场进行核量，根据项目部计价管理办法对各工区进行计价，最后由各业务部门及领导签字后完成计价。保障资金支付，保持施工队伍稳定。

按时核算，严格兑现。各工区按项目部下发的核算表格按季度进行成本核算分析。重点核算材料节超、单机单车核算、内部工班单价及费用节超、间接费核算、其他费用核算。项目部根据对上计量金额分摊的各工区产值收入、各工区计价收入及各工区发生成本费用，按季度核算各工区及项目部效益情况，并按责任成本考核办法有针对性地开展月度及季度责任成本考核，奖罚每月兑现。按时进行成本核算，让项目部及时掌握了各工区的成本情况，发现问题及时进行督促整改，形成长期有效的管理机制，为项目创效增益。

三、人力资源管理

（一）当地人力市场调查

项目上场前期，由项目部牵头，各工区参与，组织人员充分调查了巴基斯坦人力资源状况，用工政策及工资标准。巴基斯坦是一个劳务输出大国，当地人力资源结构丰富，各专业技术型人才、施工人员水平相对较高，用工政策比较宽松，工资标准相对国内普遍较低。项目部根据综合调查结果及项目实际情况，合理制定了项目人力资源配置，要求如下：

（1）中巴方人员高峰期比例达到1∶20。

（2）职工全为管理、技术人员。

（3）各类专业岗位（工种）的中方人员原则上只配置少量的具有一定现场带班经验，技能水平较高的外聘人员。

（4）不配备中方车辆驾驶员及普通工人，现场普通劳务全部为巴方人员。

（5）大量使用巴方技工、工班管理人员、设备车辆操作人员及测量试验人员。

（二）建立健全人力资源管理体系

根据"大局指、小工区、多工班"组织机构模式，项目部设人力资源分管领导岗位，人力资源部。工区设人力资源分管领导岗位（由工区经理兼任），专职中方人资源负责人，并配置2-3名巴方人力资源专员。工班设人力资源负责人（由工班长兼任）。

各工区所使用的中、巴方人员均按照"谁用工，谁计划，谁招聘，谁管理"的原则执行，工区是所属员工具体招聘、录用及管理的责任主体，也是所属人员人工成本的责任主体。

通过此种人力资源管理模式，极大地减轻了用工难及工人流失严重的问题，充分掌握了人力资源情况，对现场劳务的管理也更加精细化，"优胜劣汰"的制度执行到位，由用工工班根据现场施工的表现，及时地调整人员工作岗位或辞退，节约项目用工成本，保证项目现场工程施工质量及进度。

（三）标准管理

1. 中方人员

项目制定了《职工选派、外聘劳务招聘要求及上场程序》，明确了各参建单位职工选派、中方外聘技工选聘标准、资质要求、上场程序以及外聘技工的合同模式、工资标准，并严格实行人员上场报批程序，从源头上把控了上场人员的素质关，规范了外聘劳务用工。上场的所有职工都必须是管理、技术人员，外聘人员都必须是技能熟练并具有带班能力的技工。所有上场人员均在二级甲等及以上医院按要求的体检项目进行体检，外聘技工也均安排在集团公司技校进行技能鉴定，进一步把控了人员的身体关、技能关。

2. 巴方人员

充分调查了当地人力资源状况及用工政策、工资标准，结合项目实际情况，制定《巴籍员工管理办法》，包括人员信息档案管理制度、劳动合同范本，不同岗位（工种）的工资标准及工资发放、考勤管理、纪律管理等。使各用人单位在巴籍人员招聘、录用、使用管理上规范操作。人员应聘时必须提供身体健康证明、无犯罪证明和相关的技能操作证。且对于各类技工和机械设备操作手，招聘时严格测试，认真考核。所有巴籍员工统一实行编号管理、挂牌上岗（图9-1）。

项目在人力资源管理上建章立制，严格控制了项目不同阶段的人力需求，保障了项目施工的需求，建立人员台账，对不服从、技能不符合要求人员及时进行标注，在全项目各工区进行公布诚信，有效遏制了工区之间重复使用不合格员工情况。

图9-1 一人一机挂牌上岗

（四）培训制度管理

持续开展员工培训工作。对于中方人员，在上场前就针对巴基斯坦国家环境、风俗习惯、宗教信仰，制定了人员上场教育手册，并组织了上场前适应性教育，使中方人员在上场前及上场初期就了解和熟悉巴基斯坦国家社会环境、宗教文化、风俗习惯，规避了中方人员在陌生国度中的不良行为及不良影响。并在施工管理过程中，定期不定期进行培训教育工作，要求中巴方人员和谐相处，逐步融合。

项目部连同工区均设立5个培训机构，项目部牵头组织岗前培训工作。对于巴方员工的培训，一是上岗前的集中培训，培训内容有企业文化，行为规范和管理规定，安全操作规程和安全规定，相应工种或岗位的技能培训等。二是在具体作业工程中，通过中方技术人员、工班长、技工以及设备厂家服务人员等以现场教授，传帮带的形式进行培训，以增强属地员工各方面的技能。三是采取组织现场观摩会的方式进行相关专业（业务）培训。通过培训，使员工了解了CR20G企业文化，熟悉了项目各项管理制度，提高了相应工种的技能水平和管理水平，为项目顺利展开提供了人力资源保障。

培训制度的建立，有效的保障了项目人员的可持续性，为项目各项工程的顺利施工提供了保障。

（五）属地化管理

1. 项目对所有中方员工的伙食及住宿采取统一标准，每月统一配发日常生活、劳保用品等，既减少了员工外出时间，降低了安全风险，又保证了劳动时间。同时，建立了工地医务室，提供医疗保障（图9-2）。对于生病的员工，及时治疗，并在伙食等生活细节上给予特殊照顾，使员工感受到企业的温暖，能更加安心工作，确保队伍稳定。

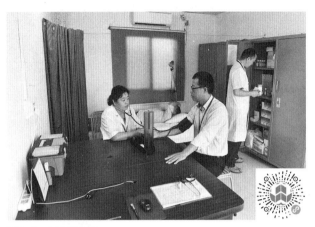

图9-2　工地医务室

2. 不定期开展外语学习班。项目部及各工区不定期开展外语（英语、乌尔都语）学习班，所有中方员工参加学习，通过学习，在和巴方当地人沟通上架起了一座友谊的桥梁，减少施工过程中产生的误会，增进了中巴员工之间的友谊，极大地提高了施工管理功效。

3. 对于巴方劳务，项目各单位均在营地附近设置了一定数量的巴方员工宿舍，开设了巴方员工食堂，妥善解决巴籍员工的食宿，并及时按标准发放劳动保护用品，按月足额发放员工工资。

4. 项目大量使用当地劳务。大力推行巴方员工带工管理、"以巴管巴"，成为增加一线组织管理力量，提高管理功效的必由之路。一是通过直接聘用有经验有技能的当地人员当班组长，二是制定了《巴籍班组长（FORMAN）培养方案》，在所属巴籍员工中培养、选拔一批班组长，由他们组建内部工班，组织管理这些工班进行现场施工作业。项目共培养了130余名巴籍班组长，大大加强了施工一线的组织管理力量。

（六）规范管理

1. 加强中方人员的教育，要求中方人员严格遵守驻地国法律法规、充分尊重当地风俗习惯、宗教信仰。严格制度化、纪律化管理员工，推行"准军事化"管理模式，实行"早点名、晚查铺"制度。要求中方人员对当地员工及居民"秋毫无犯"，与当地人员和谐相处。

2. 对违规、违纪的员工，要按照项目部及所属单位的制度、规定处理，并书面通知，做到"有理、有据"，不允许对巴籍员工"趾高气扬、颐指气使"。

3. 坚持劳务问题处理"不过夜"制度。各单位通过翻译或巴籍人力资源专员，保持了与巴方劳务的充分沟通。对于劳务反映的问题能认真对待并及时处理；对于比较复杂或涉及面广，不能及时处理的问题，能主动沟通，耐心解释，不存在置之不理或转移、积压矛盾现象，从源头上控制了劳务纠纷的产生。

4. 所有巴方员工，均实行银行"打卡"的方式发放工资，按月及时发放工资，不拖欠，不克扣，同时规避使用大量现金风险和人员"虚空"漏洞。

（七）档案信息统一管理

项目部对各单位的人员信息档案统一管理，各单位每周定期上报人员信息更新情况，及时掌握各单位用工情况。并每月将各单位的人员数量与完成产值进行对比分析，依据分析情况及时督促所属单位对劳动力状况进行调整，以便更好地提高劳动力功效和节约人力成本。

（八）强化考核管理

项目制定了《队伍建设考核办法》和《中巴方员工考核办法》，对各工区队伍建设工作进行阶段性考核，同时开展阶段性员工"评优评先"活动。队伍建设考核从人员选聘、信息档案管理、制度化管理、人员稳定程度、工班长（FORMAN）培养、员工培训等方面进行，每月进行一次，对队伍建设工作好的单位进行奖励；员工评优评先从员工工作态度、工作表现、技能水平、工作时间等方面进行考核评选，每半年进行一次。对经过考核，评选出的优秀员工，按照不同岗位进行不同幅度的工资提升，对于表现差的员工，实行末位淘汰制。通过阶段性考核，大大提高了项目员工的工作积极性和能动性，保证了项目顺利进行。

通过项目部一系列科学规划、严管善待，实现了从计划国内上场人员1300人，中巴方人员比例1：9，达到了实际上场中方人员440人，中巴方人员比例高峰时期1：20，平均1：15的突破，节约了大量人力成本，减少了管理环节，提高了管理效率。

四、工程物资管理

（一）物资采购管理

由于巴基斯坦工业水平较低，很多材料品质低、产量小，属于卖方市场，供货周期长，价格谈判困难。因此须充分考虑当地情况，快速决策，同时做好现场的材料进场计划工作。深入调查材料市场情况、生产能力等与国内相同材料进行比较，经综合比较后确定所需设备、材料是否进口，并通过公开招标或邀请招标等方式确定供应商。由于进口物资流程繁杂、时间周期长，所有物资采购计划需提前4个月进行上报，满足物资及时到达项目，确保项目施工计划及工期要求。

（二）物资管理原则

按照项目部"一级管理，二级核算"的指导思想，项目所需的物资材料90%由项目部集中采购，有效的降低了采购成本。由工区自行采购的材料，设备物资部经过充分的市场调研给出指导价，工区采购不能超出指导价。在巴基斯坦当地采购的物资，由项目设备物资部推荐合格供应商，由项目物资招标小组组织相关人员招标、评标、评价、确定合格供应商。项目部各部门，各工区监督项目设备物资部与供应商签订采购合同，由项目设备物资部统一组织落实。

项目部设备物资部负责A、B、C类物资的组织供应、结算。各工区负责材料进场验收、保管、分发及现场管理。D类物资由工区负责，工区组织工区物资管理人员进行市场调查，将调查结果上报项目物资部，项目设备物资部确定指导限价，工区组织议标，评标，确定中标单位，签订采购合同后由各工区自行采购，报项目物资部备案。材料费用的由项目统一支付。项目部从源头控制物资采购的方式，保证了所有物资的质量，且控制了额外成本的发生。

（三）推行全球采购，节约采购成本

路面施工所需的沥青和重油采购，采用全球采购的新模式，引入属地供应商、国内供应商、境外供应商共同竞标，因参加投标供应商范围扩大，实现了与优质供应商签约合作的目标，在保证产品质量和足额供应的条件下，降低了采购单价，节约路面物资采购成本。

（四）自建碎石场战略，保障路面施工

按照投标时的图纸复核，项目需要地材数量约700万方，其中CR20G约550万方，ZKB约150万方，数量巨大。项目在上场后，立即组织人员对巴基斯坦当地地材资源进行市场调查，了解到当地地材加工能力远远不能满足项目的施工需求。为此项目借助各方关系开始运作，通过中国驻巴基斯坦大使馆了解到巴基斯坦矿产资源开发的渠道；通过拉合尔总领事馆联系旁遮普省矿产局，掌握矿产资源开发的操作过程；通过联系旁遮普省首席部长和矿产资源开发局了解到可开发的地块，但该地块属于巴基斯坦铁路局所有，又借助旁遮普省首席部长和矿产资源开发局的关系联络到巴基斯坦铁路局运作土地租赁事宜。

通过充分的市场调查和相关方关系疏通后，项目部就工期、工程量、地材需求量和当地资源开发综合分析，决定自建碎石场可以，并报请集团公司审议，确定卡·拉项目自建碎石场，由长安重工负责组织施工生产。因此中铁二十局集团有限公司成为在巴基斯坦所有中资企业中第一家具有矿产资源开发资质的公司。

碎石场的建设有效的保证了项目路面沥青混凝土碎石的供应，既保证施工需求，又降低了成本；并且由于项目有矿产资源开发能力及碎石场使得路面用底基层、基层供应价得到拟制，有效抵御供应商无理涨价的要求；另外对集团公司在巴基斯坦后续工程的承揽提供了一定的保障和先决条件。

五、工程设备管理

（一）设备上场筹划

项目上场伊始，项目领导及设备管理人员即对投标文件进行深入学习与理解，组织人员进行必要的市场调查。

1. 走访在巴中资企业，了解市场采购资源、设备保有量、租赁资源。

2. 组织项目部及各工区上场对项目所在地周边城市包括拉合尔、费萨拉巴德、伊斯兰堡、卡拉奇等城市进行调查。主要调查工程设备生产企业、租赁企业、机配市场的设备及机具供应能力、租赁资源。

3. 了解当地司机、操作手资源情况，设备操作能力等。

通过调查发现，巴基斯坦现状是：当地土方及结构物施工队有一定的作业水平，设备保有量还是比较丰富的。路面沥青施工搅拌站、摊铺机等专用设备资源比较少。土

方作业设备数量不少，但是机况都比较旧，一般使用十年左右的设备居多。好处是设备基本上均是欧美及日系知名品牌。对于本国不能生产的设备，国家鼓励进口，关税等也相对较低。基于此情况项目部组织多次开会研究，最终决定：选择合适的施工队自带设备对土方作业进行分包；对于当地分包队伍不能满足的缺口设备及重点设备在国内组织招标；考虑路面施工设备的非通用性及施工要求，采取属地招标、国际采购。

4. 项目基于成本做出优化设计。使得最终基础类通用设备采购量为投标文件的1/4左右、路面设备为投标文件的1/2左右。例如：通过优化设计结合实际工艺要求，减少8套粒料拌合站的采购改为地材采购统料、挖机现场拌合；按照每套粒料站配备4台装载机计算、又相应地减少了32台装载机的采购。

决策中大幅度降低土石方施工的通用类设备车辆的采购数量，使用属地设备车辆资源，在满足施工需求的情况下，减少了设备车辆购置的资金投入。统计数据显示，项目自购设备车辆共计657台，而在2016年11月份施工高峰期，设备日报中的设备车辆投入的总数量是2788台，新购设备车辆的投入仅为工程需求总数量的23%。

（二）设备采购环节

考虑近两年国内工程机械市场低迷，在招标采购及合同谈判、签订阶段要求供应商改变传统一年质保期的要求，使设备质保期延长到两年，同时增加售后服务人员的驻场服务期限，使得节约成本的同时增强了对设备的保养维修力量。

（三）配件供应

1. 采购原则：根据集团公司多年的海外设备管理经验，新购设备1年期配件使用不超过设备原值10%，项目结束库存不超过设备原值5%来进行控制。

2. 采购模式：签订设备采购合同的同时签订配件供应协议。这样做的好处是随设备到场的配件关税低，同时投标时供应商为了中标的迫切要求，对于一年期备品备件的种类、数量及单价都会合理进行报价的心理，同时也能满足到场配件使用多少结算多少的条件。

3. 运输方式：以保证现场使用为原则，以成本最低的海运方式为主、路运及空运相结合的方式来操作。要求厂服和设备管理人员根据配件日常消耗情况，一般提前两个月做出配件补充计划；对于大的维修配件采用陆地运输，小的根据实际情况由国内上场人员携带或者选择空运。选择空运的配件根据清关时间、关税等再考虑选择通过DHL快递运输或国内带货公司人员携带。

（四）设备租赁

租赁设备的市场调查、招标或议标工作由工区设备管理部门组织实施，项目设备物资部对租赁机械设备的可行性、合同及租赁方式、单价进行监督审核后给出租赁指导价方可签订合同。设备租赁合同必须列明设备的名称、规格型号、生产厂家、机况、数量、单价、金额、结算方式及时间、运输方式、进场时间、租赁双方的权利义务及违约责任等事项。

设备租赁要求做到工区审报、项目部审批的模式操作，每月工区按照合同约定的租赁时间及油耗、金额填写结算单，同时附操作司机及工班负责人签字的作业台班记录，加油记录等，由项目设备物资部审核无误后报财务进行代付。

（五）季度考核

坚持每季度对工区设备组织考核，包括内业和外业。考核内业：单机单车核算执行情况、油料配件消耗情况、与司机操作手工资奖金挂钩情况、设备维修保养记录、设备安全运转记录、台账管理、租赁台账及租金支付、司机信息及一人一机台账管理、各种业务报表等；外业考核：机容机貌、期内有无事故、对现场管理能力、设备维修保养情况等，有效的保证了设备的正常使用。

通过项目制定的一系列管理办法及决策，在工程设备管理上，做到了依据巴基斯坦当地情况，减少国内设备的购置，充分利用当地施工队伍及当地设备租赁，极大降低了设备使用费用。建立每月、每季度设备巡检制度，充分协调各工区闲置设备，提高机械设备利用率。提前计划常用必备配件，采取国内及当地采购相结合的方式，保障设备的使用完好率，保障现场工程施工的连续。

六、工程质量管理

（一）重视体系管理作用，充分发挥质量管理体系的预防作用

1. 建立健全质量管理体系

项目部建立健全质量管理体系，包括质量管理机制、质量管理制度、质量管理职责，并形成以质量管理为核心，对直接或间接影响工程质量的人力资源、材料物质、施工设备、施工及技术管理、商务合约管理等机构、岗位的质量管理职责、管理制度

等进行明确，构成质量保证体系，并在过程中有效落实、持续改进。

2. 强化质量管理和监督

（1）质量管理机构和人员

项目始终高度重视工程质量管理工作，牢固树立"质量是企业的生命"的理念，根据项目技术规范采用的是巴基斯坦标准的特点，和招标文件及合同条款，聘请了巴方质量咨询团队加入项目质量管理团队，加强了质量管理机构，项目高峰期质量管理团队共有专职QA人员74人，其中外部质量监督ACC有20人，项目部有10人（2名中方人员，8名巴方人员），工区有44人。

（2）坚持"三工"制度

每天施工前，中国工班长监督，由当地工班长对当天施工任务进行分工安排，并对安全质量要求进行讲解，中方工班长在过程进行检查和验收，验收合格后，报第三方监理验收，有效控制了工序质量。

（3）落实"三检制"制

所有施工工序按照规范要求进行100%的抽检；质量目标责任制分工明确，落实到位，强化了质量考核；施工过程中从原材料的进场检验，到每道工序的过程检查，严格推行技术交底和"三检制"制度的落实，加大对进场原材料、高填方路基、台背回填、预制梁的预应力作业、高温天气的混凝土和沥青路面施工等重点工序质量隐患的管控力度，保证了质量管理制度和措施的有效落实，质量体系的正常运行。

（4）内外管控

项目部各工区自检合格后，上报外部质量监督单位ACC进行验收，同时上报业主代表监督团队EA进行见证验收，验收合格后进行下一道工序，在过程管控中三方共同检测，完善检测资料，并及时进行签认，因此良好地控制了施工质量，能快速的提供及签认对上计价资料，为对上计价夯实了基础。

（二）基于风险的思维，强化做实教育培训，提高人员能力

公开进行选拔项目管理人员和专业特长技能人才并进行培训，一方面是对拟上场的管理人员履历、业绩、能力进行考察了解，选拔出符合条件的人员。二是坚持"先培训、后出国"，培训的内容有《项目管理中情绪能量管理》《国际工程项目经理的时间管理与压力管理》《跨文化沟通与交流和商务礼仪》《工程项目成本管理》《国际贸易与金融》《国际工程承包模式》《国际工程财务风险》《日常商务英语》等课程。使得人员能力进一步得到提升，满足项目施工生产的要求。在管理人员、技术人员中聘用巴方

的工程技术人员，使其成为CR20G的员工，巴籍管理人员身份的变化，有归属感，在工作中更加认真负责。

劳务作业人员的大多数在当地劳务中选拔，中巴方人员高峰期比例达到1∶20；对于巴方员工在上岗前的集中培训，参与培训的人员约达10000人次，培训内容有企业文化，行为规范和管理规定，操作规程，相应工种或岗位的技能培训等。在具体作业工程中，通过中方技术人员、工班长、技工以及设备厂家服务人员等以现场教授，传帮带的形式进行培训，以增强属地员工各方面的技能。提高了相应工种的技能水平和管理水平，为项目顺利展开提供了人力资源保障。

（三）基于风险的思维，建立工程材料、工程设备保证机制

巴基斯坦当地部分工程物质和设备短缺，从中国进口，考虑采购、运输、清关等程序，一般都需要提前3~4个月安排，因此施工组织安排需要制定详细的计划，精确计算物资、设备的需求量，提前进行准备。项目建立相应的采购机制，在中国铁建内部合格供应商名册内筛选供应商，并对供应方的信誉从社会形象、与中国铁建合作的历史情况等方面，对厂家评价时核查企业资质证明、产品生产许可证明、产品鉴定证明、产品质量证明、厂家的质量管理体系、产品生产能力、用户评价等，并通过竞标最后选择供应商。对于设备供应商，要求厂方提供1~2年的售后服务，一并纳入报价，解决当地缺少维修人员不利因素。对所需的工程材料，在国内就进行产品的预检和进场后再进行复检，确保材料质量。

对于碎石等地材，因属地生产规模小，且质量不稳定情况，项目部自建碎石场，从源头上控制质量。

（四）技术层面进行质量风险预控

卡·拉高速项目采用EPC（设计、采购、施工总承包）模式，在确保满足技术要求下，综合考虑当地的实际情况，采用国内成熟的施工技术，进行设计和施工技术充分优化，如：中国规范体系下湿陷土地基评价方法及处置措施；突破美标及巴基斯坦公路建设填土路基边坡坡率的传统习惯；开展基于全寿命周期理念的路面设计；预制、拼装式路基防护结构在巴基斯坦的推广使用；预制箱涵拼装设计理念和施工技术在巴基斯坦的首次推广应用；尤其是土包沙路基施工技术，解决了路基填料不足的问题。通过技术方案的优化，把在国内成熟的技术应用的本项目，从技术层面充分保证施工质量可控。

项目建设期间，质量管理体系得到有效运行，质量管理制度严格落实，项目未发生一起重大质量缺陷和工程质量事故，分项工程、分部工程、单位工程检验合格率100%。

七、工程安全环保管理

（一）安全管理目标

项目将"不发生一起人员重伤及以上事故"作为安全的管理目标。项目施工安全管控体系运行有效，规章制度健全，措施落实有力，人员配置到位，按照"一岗双责"的要求，坚持"管生产必须管安全，管生产必须保安全"的理念，成立了各级安全领导小组，按照"大局指、小工区、多工班"的原则，配置了专职安全人员，项目部4名，各工区各有一名中方专职安全员（工区可以根据需要增加巴方专职安全员），每个工班必须有一名兼职安全员，重点安全风险控制点要求每个工班最少配置两名专职安全员（如跨公路的桥梁施工，架梁和桥面系施工等），项目高峰期有专职安全人员46人（项目部4人，工区有36人，碎石场6人）。

（二）安全管理制落实

安全包保责任制落实全面到位；班前讲话、工前教育和工后总结工作持续有力；安全宣传教育长期开展；各种安全隐患排查和消除常抓不懈，强化对本项目的安保管理、火工品管理、架梁作业、高空作业、机械设备运行和交通安全等的重点管控。项目整个建设过程中，安全生产持续可控，杜绝了重伤及亡人现象，没有发生等级生产安全事故，也没有发生重大负面影响事件。

（三）环境保护管理

项目部聘请了专职巴籍环保工程师，加大与业主对接力度，积极配合落实各项环保措施，确保了施工沿线"原生态"。沿线取土一律按规定远离红线，农田取土适度适量并及时回填平整，保证了正常耕种。同时主动与土地、水利部门接洽，与地主友好协商，提前布设水网管线，确保灌溉不受影响。施工现场建筑垃圾按要求回收二次利用。在生活方面，各驻地中巴双方员工饮用水都经过当地防疫部门严格检测，都设置了垃圾集中回收清理点。全年没有发生一例环保事故，达到了预期目标。

八、财税管理

（一）汇率

卡·拉公路Ⅲ标项目是由巴基斯坦政府独立投资，国际招标，低价中标的项目。是卢比合同、卢比计价、卢比支付，外汇使用额度为合同额的16%（在有证明文件的基础上），该项目合同签订时，美元兑巴基斯坦卢比汇率为1：106，目前世界银行公布的汇率为1：153.55（2021年6月），按此汇率计算，因卢比贬值导致项目汇兑损失率达44.86%。项目部针对汇率的波动影响，采取了降低在项目所在国以外地区采购等成本开支，减少外币支出，尽量采取卢比当地采购及支付，尽可能多地存储材料，加快施工速度，减少汇率对本项目的影响。

（二）税赋

卡·拉公路Ⅲ标项目在投标时仅考虑了7%的所得税。项目实施后，在不考虑进口税费情况下，项目涉及的税种多达6种以上，税赋重、征缴风险大。项目部聘请巴基斯坦当地税务咨询，针对巴基斯坦国家的税务政策及新的税法调整，及时规避税务风险，对合同自身的免税条款进行研究，保证在合法的前提下对项目部的税赋进行合理规划。

九、社会治安管理（及防恐）

（一）配置专业安保保护

项目14个驻地均严格落实巴基斯坦内政部针对中国人的安保要求，设置了警察、专业保安、内部防控三层安保体系。全线共配置警察810名，警车36台，专业保安近300名，24小时巡逻检查，中方人员外出工作必须按1：1警察（SPU）进行随行保护，对于工点集中施工的地段，配备的警察（SPU）们按防御式模式要求对施工工点的中国人进行保护，保证了中方人员驻地和施工现场安全。

（二）完善各项安保、安全规定和规范

制订"演练计划"和"应急预案"，定期、不定期举行"防恐演练"，增强了参建

中方人员的实际"防恐"反应速度和应对能力。多次开展各种安全隐患检查，制定有效措施，限期整改，全力消除各种安全隐患，强化了安全生产重点部位和环节的管控。建立了与巴国各区域警方和中国驻巴使馆的联系制度，及时沟通有关情况，切实保护好中方人员在巴的安全（图9-3）。

图9-3　工地作业安全保护

（三）实行"准军事化"管理

项目部成立了安保联防领导委员会，聘请巴方退伍少校为安保专员，强力实行"准军事化"管理模式。全线14个驻地一律实行"早点名、晚查铺"制度，所有中方人员外出都按照规定严格审批，执行请销假制度，坚持"无事不外出，外出必配警"，原则上"外出不过夜、过夜须报告"。切实搞好与驻地警察的关系，对警察所发的安全指令要极力配合，切记不要和警察产生不必要的冲突。

第二节　技术成果

一、工程设计先进性成果

（一）湿陷土地基评价方法及处置措施在巴基斯坦的首次使用

由于黄土分布的全球地域性特征及巴基斯坦规范及学术研究的局限，巴基斯坦公路建设领域未曾有对湿陷性地基评价与处置的案例。考虑地基土湿陷性对路基沉降及稳定性的危害，本项目在巴基斯坦率先按照中国规范对公路沿线进行湿陷土地基评价及处置，并将试验、评价方法、处置措施及施工工艺推广应用。

（二）预制、拼装式路基防护结构在巴基斯坦的推广使用

巴基斯坦既有高速公路建造年代久远，公路防护美观性要求低，多采用砌石结构。本项目推广采用预制空心六棱块拼装式防护，工厂化预制及拼装方式极大地节省了工期，提升了工程防护的美观性，同时也解决了平原区天然圬工材料紧缺的"窘境"，并将相关设计、施工工艺推广。

（三）突破美标及巴基斯坦公路建设填土路基边坡坡率的传统习惯

项目位于旁遮普平原，是巴基斯坦主要的灌溉农业区，土地资源十分珍贵。巴方初步设计阶段参照美国标准，填方路基边坡采用1：4，1：3，1：2，1：1.5四种坡率，土地资源耗费严重，施工复杂。项目设计依据土的试验参数及土力学基本原理计算论证了采用国内规范推荐坡率（1：1.5）后填方路基的稳定性，最终取得设计监理及业主的批复，减少了全线路基土方用量，节约了土地资源，降低了工程造价。

二、工程设计绿色性成果

（一）短期内实现土地复垦的取土设计

项目沿线耕地资源珍贵，取土设计一改国内项目设计集中、大规模取土场的传统，代以沿路线两侧设置分散式、小规模取土坑，取土坑深度不超过1.0m，取土后坑底土壤依然具有一定养分，经两三茬庄稼后土壤肥力基本可以恢复到与表土一致。同时由于巴基斯坦土地为居民私有，项目取土设计在不损失耕地数量的前提下为沿线土地所有者带来一定直接收益，项目建设深得沿线居民支持。

（二）景观与绿化总体设计在巴基斯坦高速公路建设中的首次使用

项目首次在巴基斯坦高速公路设计中应用景观与绿化总体设计的理念，提供组织有

序的、可持续的景观绿化设计，与项目区富饶的农业自然景观相协调。边坡采用植草绿化，坡脚至用地界种植三排高度递增的乔木，沿线每15km更换树种，实现道路绿化景观的层次感，减少道路使用者的审美疲劳。互通立交、服务区、休息区应用Realtime Landscaping软件进行详细设计，提高绿化设计成果的直观性和可操作性。

（三）充分利用当地材料填筑路基——填砂路基

项目终点段靠近拉合尔市区，沿线耕地大部分为高经济农作物，线路临近拉维河，地表覆土厚度小，下部地层以粉砂、粉细砂为主，路基常规填料稀缺，为充分利用当地填料资源，减少耕地征用，减少土方运距，降低工程造价，终点路段设计黏性土包边的填砂路基，就近取用拉维河河沙进行填沙路基的填筑。

三、工程设计创新性成果

（一）服务区设计中商业功能的侧重及交旅融合设计理念的体现

巴基斯坦公路局非常重视本次服务区的设计，安排我方设计院和巴方设计院分别拿出设计方案进行方案竞赛。我方设计院分析巴基斯坦经济基础差，需要综合考虑经济性和服务性的特点，提出加强服务区商业功能和交旅融合的设计理念，服务区综合楼规模加大，增强了餐饮和购物功能，设置了专门的卡车宾馆。另外通过服务区和停车区交错设置解决经济性的问题，兼顾了功能提升和经济造价的问题。巴方公路局最终选定了我方设计院方案作为实施方案。

（二）预制箱涵拼装设计理念和施工技术在巴基斯坦的首次推广应用

项目率先在巴基斯坦推广使用预制箱涵拼装技术，解决了巴基斯坦既有高速公路采用现浇混凝土结构施工流程繁琐、效率低、工期长、经济性差的矛盾；其次，采用美国标准，对预制拼装箱涵进行有限元建模分析，并模拟地基弹性梁，结合巴基斯坦军事荷载，优化常规钢筋配置；优化箱涵接头位置处置技术，接头内外侧采用遇水膨胀橡胶条封口，中间采用水泥砂浆填实，外侧用"三油两毡"密封，彻底解决拼装箱涵接头位置止水的难题，保证箱涵施工质量。通过在本项目的应用，率先在巴基斯坦推广了小型结构物预制拼装设计理念和施工技术。

四、土工合成材料应用技术

本工程采用铺装土工布的措施防止路面反射裂缝。由于基层的裂缝，使沥青面层在使用中，于裂缝位置处产生开裂，即反射裂缝。反射裂缝不仅是路面的使用性能老化，影响了行车的舒适性，而且会导致路表水下浸，影响到路基的强度和稳定性。更重要的是，在行车荷载的反复作用和周期性变化的环境温度影响下，常常使得裂缝迅速向四周扩展，大大的缩短了沥青面层的使用寿命。

土工布可以减少面层与基层的结合力，由此使沥青层最大拉应变减少。土工布具有较大的延伸性，基础裂缝位移可通过土工布使应力扩展至更宽的范围，从而减缓裂缝尖端处的应力集中。土工布浸透沥青可有效地防止地表水渗入基层，避免基层进一步恶化。土工布浸透沥青可有效地防止地下水渗入界面，减少沥青层在反射开裂的剥离破坏。土工布应力吸收软弱夹层材料吸收温度，可减缓基础降温，减少基础裂缝处的位移值。

五、混凝土技术

（一）高强度耐久性混凝土技术

工程所用混凝土采用高耐久性混凝土，从原材料、混凝土配置关键环节、配合比设计三个方面进行配合比试验，减少水泥用量，减少混凝土内部孔隙率，减少体积收缩，提高强度，并从把握原材料质量、计量、搅拌、振捣与抹面和养护等方面加强施工控制措施，提高耐久性。

（二）纤维混凝土

桥梁伸缩缝采用钢纤维混凝土，钢纤维混凝土是在普通混凝土中掺入乱向分布的短钢纤维所形成的一种新型的多相复合材料。钢纤维能够有效地阻碍混凝土内部微裂缝的扩展及宏观裂缝的形成，显著地改善混凝土的抗拉、抗弯、抗冲击及抗疲劳性能。

六、钢筋及预应力技术

（一）钢筋焊接网应用技术

桥面铺装钢筋采用焊接钢筋网片，钢筋网片采用工厂化预制，产品尺寸精度高误差小，质量好、施工便捷等特点。提高工程钢筋施工质量、施工效率、缩短工期、节约施工成本。

（二）大直径钢筋直螺纹连接技术

工程桩基及墩柱钢筋采用直螺纹连接技术，加快了施工进度，改善了施工环境，减小了施工难度，降低了劳动强度，提高了工作效率，给施工质量的提高创造了条件。

（三）有粘结预应力技术

项目预制梁采用 ϕ 15.24钢绞线，抗拉强度标准值 f=1860MPa，张拉控制应力 σ_{con}=0.75fpk。有粘结预应力技术在桥梁的结构中使用，提高了桥梁构件的刚度和抗裂度，改善了构件的使用性能，增加了桥梁结构的耐久性；节省了混凝土和钢材的用量，对于大跨径桥梁来说，具有显著的优越性；减少了混凝土梁的主拉应力和竖向剪力，可便于减小梁的腹板厚度，能进一步减轻梁的自重。

七、模板及脚手架技术

工程墩柱采用组拼式大型钢模板，施工机械化程度高、工艺简单、施工速度快、拆模后混凝土表观质量好；全钢大模板材料坚固耐用维修简便，是一种可循环使用、可再生利用，可持续发展的绿色建材。

八、钢结构技术

钢结构雨棚立柱和钢梁采用厚涂型钢结构防火涂料，涂层厚度应满足构件的耐火极限要求。施工喷涂时，节点部位作加厚处理。喷涂的技术要求和验收标准均符合标准。

采用在钢结构表面涂刷富锌防锈漆进行防腐。这是目前钢结构防腐的主要措施之一，也是最经济和最简便的防腐方法。其防护作用可为电化学性及阻隔，通过涂刷或喷涂油漆的办法，在钢材表面形成保护膜，在涂料中加入锌粉、铝粉，能起到对钢材电化学保护的作用，使促进腐蚀的各种外界条件如水分、氧气等尽可能与钢材表面隔离开来，从而阻止钢材锈蚀。

九、机电工程及安装技术

项目服务区地下电力、通信、给水、排水、消防、污水管道互相穿插，布置复杂。面对这种情况，项目部采用了BIM技术对服务区地下管网的深化设计。传统的二维CAD设计过程中，电子图纸需在各专业之间进行多次的双向传递，极易导致某一专业修改的内容被遗漏、最终的蓝图中存在不一致的内容，管线碰撞冲突点会在施工中暴露，引起设计、施工、监理等环节产生变更等一系列问题，这必然会导致建设工期延长和成本增加。

BIM技术以其强大的直观性、协调性在建筑行业正发挥着越来越大的作用。它把各专业设计数据整合为一个信息化的三维建筑模型（BIM模型），用以表达建筑、结构、设备之间的空间相互关系。通过BIM模型，设计人员能够及时发现设计中所有的碰撞冲突，迅速优化碰撞点。

采用BIM技术对服务区地下管网的深化设计，整合了相关图纸，优化了管道布置，避免了管道碰撞，节省了材料，精简了施工工序，极大地提高了施工工效。

十、绿色施工技术

项目沿线气候干燥，降雨量稀少，生态环境脆弱，项目上场后高度重视生态环境保护，建造以高速公路为轴线的绿色长廊为目标，对全体人员进行环保意识教育。在施工过程中主要使用了以下技术：

1. 信息化管理系统。采用PM信息化管理系统，对方案编制比选、原材采购、损耗控制、循环利用等方面进行信息化控制，降低成本。

2. 设计优化。设计过程中结合沿线实际情况，绿化设计与项目沿线富饶的农业自然景观相协调，优化边坡充分减少了土地的征用，有效节约了土地资源。

3. 泥浆污水雨水沉淀回收循环利用技术。节约大量水源，获得了较大的经济效益。

4. 基坑开挖减少放坡土地挖方侵占技术。采用基坑防护技术，基坑施工大幅度范围减少放坡开挖对周边土地的侵占，节约了大量土地资源及开挖成本。

5. 道路全线防尘技术。全线采用防尘洒水技术，保证扬尘在可控范围，达到环保要求，极大地防止了居民投诉的发生，获得良好社会效益。

6. 填砂路基。KM1136-KM1146段土层极薄（大部地区不足1m，局部只有50cm）为保护耕地资源，减少对土地资源的破坏。参照国内外相关规范及施工经验，将KM1136+950-KM1146+900段设计为填砂路基，减少土源消耗，保护耕地。

包边土位于公路两边的边坡处，为了保证路堤的稳定性，包边土采用黏土有利于包裹砂芯，防止弱黏聚力、流动性强的砂粒崩落。包边土采梯形设计。梯形形式能充分利用包边土的自立性作为一项构造措施能使路堤成型和边坡防护。

在填砂路基施工中，砂的黏聚力对施工质量的影响较大。在进行砂料填筑时严禁将不同的砂料进行混填，这样有利于控制砂料填筑的质量。此外，还要控制砂的含泥量，通常情况下应将砂的含泥量控制在6%左右，如果没有将砂的含泥量控制在6%以内则会对路基的施工质量造成很大影响，为了保证砂料的质量应禁止将淤泥团带入施工现场。在施工前对砂料的质量进行筛选，对于质量不达标的砂料应坚决不予采用。

填砂路基施工技术在取土困难地区能就地开展取材作业，使取土用地得到节约，进一步加快了工程进度，对耕地及自然环境进行保护，并节省造价。

项目团队根据施工现场材料的实际情况，使中国标准与技术在巴基斯坦不断推广使用，发明"路基应变光纤感测技术检测方法"、"分布式多级光纤位移传感器"两项专利，在多个项目推广使用。

十一、防水技术

消防水池及其他地下结构设计为4mm SBS改性沥青防水卷材，采用预铺反粘防水技术。采用预铺反粘法进行施工，可以保证地下室底板防水工程的施工质量，底板渗漏的问题大大减少了，建筑的安全性有效的提高了。采用预铺反粘法后，减少了对胶水的使用，减轻了对周围环境的污染。

第十章 经验总结

Chapter 10 Experience

第一节 设计方面经验总结

EPC项目实现了设计、采购、施工各阶段交叉与融合，有助于提高效率、降低成本和减少业主索赔风险，是国际工程领域的通行做法和趋势。设计在EPC项目中具有"龙头"作用，是制约整个项目进度的中心工作。在国际工程中，设计不能套经验，更不能闭门造车，必须提供符合实际的专业设计咨询服务。以巴基斯坦的高速公路EPC项目为例，对比在设计方面存在的差异。

巴基斯坦卡拉奇–拉合尔高速公路Ⅲ标（阿卜杜勒哈基姆–拉合尔段）项目为设计、采购、施工（EPC）总承包国际招标工程项目，线路全长约230km，双向六车道，包括土方工程、桥涵工程、路面工程、排水工程、交安工程、服务区房建工程以及其他附属工程。合同总工期仅30个月。

一、EPC项目设计中存在的差异

1. 设计技术标准和规范不同

项目采用美国公路与运输协会标准AASHTO和美国材料与试验协会标准ATSM，同时参照巴基斯坦通用技术规范（1998年）。业主代表工程师不认可中方设计工程师经验做法，不允许套用国内成熟的通用图，所有图纸设计都要按照适用规范进行重新设计、计算和验证。另外业主的咨询公司要求使用国际通用的绘图应用软件，这对于中方的设计人员是完全陌生的。设计人员需要现场研究新规范，学习绘图软件，从一点一滴开始设计，设计工作要在全新的环境中不断适应、探索和前行。

2. 中巴双方的设计深度不同

国内工程都是按照审批的详细设计（detail drawing）图纸进行施工。就设计深度而言，当地的详细设计介于中国的初步设计和施工图设计之间，可以指导现场施工，但是某些具体细节需要承包商工程师根据实际情况绘制施工图（shop drawing），报送业主咨询监理工程师批准后才能施工。

例如，中方按照国内经验进行桥涵施工图设计，既有施工通用图又有施工详图，并在图上附有钢筋用量表。但是在现场施工时，业主咨询监理工程师还要求提交《弯钢筋表》。原来当地的桥涵详图设计图纸相当简要，只规定主筋布置要求，并不标注钢筋的弯筋和搭接方式，没有钢筋用量计算，要求承包商工程师编制《弯钢筋表》，报送业主咨询监理工程师审批。

再如，业主营地房建工程委托当地公司设计，审批的设计图纸没有场坪标高，结果导致现场施工人员无法确定房建管线的预埋标高。楼房的设计图纸没有平面坐标，无法确定建筑物的位置。因为在当地的设计理念中，设计师只负责建筑物的设计，类似预埋件的标高和其他细部做法全部由现场工程师负责。承包商工程师需要提出具体方案绘制施工图，报送业主咨询监理工程师同意后即可实施。

3. 设计要尊重当地的风俗习惯和宗教信仰

涉及宗教问题是原则性的，设计和施工必须要无条件服从。

二、海外EPC项目设计实施措施

尽管国际工程EPC项目在设计方面存在诸多差异，卡·拉项目设计团队克服了种种困难，设计图纸全部通过审批。这些主要是因为在设计工作中采取了以下措施：

1. 中方设计院同当地设计公司组成设计联合体，取长补短，互通有无，提高勘察、设计和图纸审批的效率。

2. 中方设计院聘请当地经验丰富的设计人员，加强团队力量，发挥当地工程师熟悉当地设计习惯及语言沟通的优势。

3. 采取边勘察、边设计、边施工的策略，优先安排施工的分项分部工程或段落先行勘察设计，图纸审批一部分组织施工一部分，保证整体工期计划。

三、海外EPC项目设计经验总结

EPC国际工程项目承包方不但负责项目管理和施工，还要对设计负责。在合同工期内，要统一协调完成各项工作，必须克服国内外技术规范、宗教文化、工作程序的差异和语言的障碍。中方的管理、施工、设计人员要以开放的思想、包容的心态、创造性的思维、超前的计划组织工作，主动地听取业主监理咨询、设计咨询和专业工程师的意见或建议，不断修正和完善设计和施工方案，坚持走属地化和本土化的道路，摒弃经验主义，因地制宜。为了适应国际化工程建设的要求，中方工程师应注意培养创造思维，提升综合素养，会施工还要懂设计，做能工巧匠也要做创新型、复合型人才。

第二节 法律风险与防范经验总结

一、本地化用工的法律风险

1. 劳动力可用性

巴基斯坦可雇用的外国工人比较有限。该国有超过60%的人口生活在农村地区，企业难以接触到大部分劳动力。

巴基斯坦外国工人占全部人口的比例不足3%，巴基斯坦的劳动力市场主要由低技能劳动力组成，大多数劳动力仅在农业和纺织制造业有工作经验，企业培训和引进技术工人的成本高昂。

2. 劳动力成本

巴基斯坦虽然最低工资标准可以使投资者从中受益，但巴基斯坦有着亚洲最高水平的劳动力税，增加了劳动力成本。有关裁员和薪酬的规定提高了投资者调整劳动力规模的难度，也限制了劳动力市场的灵活性。由于昂贵的签证成本，外国劳工进入巴基斯坦市场会受到一定限制。

3. 薪酬支付

根据1969年《西巴基斯坦商铺和机构条例》(*the West Pakistan Shops and Establishments Ordinance*)和2015年《信德省商铺和商业机构法》(*Commercial Establishment Act*)，任何机构的每名雇员的应付工资都应在工资支付周期结束后7日内的工作日支付。任何机构要求任何雇员加班工作的，应向其支付相当于正常工资双倍的加班工资。

雇主有义务向其雇员支付所有应付工资。同样，在某行业聘用人员的承包商也有义务向其雇员支付工资。负有工资支付义务的雇主或承包商须确定不超过1个月的工资支付周期。被解雇雇员的工资不得迟于其被解雇后的第二个工作日向其支付。

4. 劳动保护相关法律

按照1934年《工厂法案》(the Factories Act)，任何机构都不得要求或准许任何年满18岁的成年雇员每天工作超过9小时或者每周工作超过48小时。同样，不得要求或准许年满14岁未满18岁的少年每天工作超过5小时。

如果是从事季节性工作的工厂，成年工人一周的工作时间不得超过50小时，一天不得超过10小时。但是，如果因技术原因而必须全天不间断工作的这类工厂的成年工人，该工人一周的工作时间不得超过56小时。所谓季节性的工厂，是指安全从事下列一项或几项加工过程的工作，即轧棉、棉或棉麻轧花、咖啡、靛青、橡胶、糖或茶叶的生产。

根据1969年《西巴基斯坦商铺和机构条例》（the West Pakistan Shops and Establishments Ordinance）和2015年《信德省商铺和商业机构法》（Sindh Shops and Commercial Establishment Act），任何机构在任一天都不得在晚8点以后继续营业。任何机构都不得要求或准许成年雇员连续工作超过6小时、少年雇员（年满14周岁未满18周岁的雇员）连续工作超过3.5小时，除非向该雇员提供了不少于1小时的工间休息或就餐时间。任何机构都不得要求或准许成年雇员每天工作超过9小时或每周工作超过48小时、少年雇员每天工作超过7小时或每周工作超过42小时，但有例外。

1923年《矿业法》（Mines Act）第22-B条还规定了工人每周工作时间不得超过48小时、每天工作时间不得超过8小时，即便根据特殊工作需要，工时也不得超过12小时，且每工作6小时都应有1小时的工间休息。第22-C条进一步将地下工作的工时限制在8小时以内。

假期和请假。根据1934年《工厂法案》，工厂的任何成年工人都不得在星期日工作，但有例外。凡在工厂连续工作满12个月的工人，均可在随后的12个月内获得连续14天的休假。每个工人都有权享受每年10天的带全薪事假。每个工人都有权享受每年16天的带半薪病假。每个工人都可以在省级政府法定节假日期间享受带薪休假。

如果工人任意一年的假期没有休完，其未休完的假期应结转至下年，但结转至下年的假期最长不得超过14天。

根据1969年《西巴基斯坦商铺和机构条例》（the West Pakistan Shops and Establishments Ordinance）和2015年《信德省商铺和商业机构法》（Sindh Shops and Commercial Establishment Act），除了每周一天的假期外，每位雇员每年都可以获得10天的节日带全薪假期。这些节假日的天数和日期应由雇主在年初告知雇员。除此之外，每位雇员在一个机构连续工作满12个月（无论是否一直处于同一职位），都可获得14天的带全薪休假。每位雇员每年都有权享受10天的带全薪事假，该事假通常一次不得超过3天，且不得累加。每名雇员每年都有权享受8天的全薪病假。如果雇员没有休完这些假期，可以结转至下年，但此类假期在任何时候累计都不得超过16天。

如果雇员在一年中的任何时候没有利用其全部或部分假期，则其未休的假期应结转至下一年；如果雇员可休的假期天数已达30天，则不得再进行假期累积或增加；其可以请求雇主向其支付休假期间的全额工资，以代替其未休完的假期。

根据1958年《西巴基斯坦生育津贴条例》（the West Pakistan Maternity Benefit Ordinance），任何雇主都不得在知情的情况下雇用处于生育后6周期限以内的妇女，任何妇女都不得在生育后6周内在任何机构工作。

5. 劳动用工经验总结

一是人力资源部门应聘请当地员工专门负责本地工人事宜，该员工需要一定的亲和力和号召力，随时掌握当地工人的思想动态，出现任何用工问题时，第一时间安抚工人，沟通无虞。二是尊重当地宗教习俗，尊重当地人文环境和风俗习惯。比如斋月期间，工作时间按规定减少时长。三是严格遵守当地用工法律规定。比如，巴基斯坦当地员工享有带薪的法定假期、宗教假期、休息日、休假、病假，为员工依法缴纳社会保险等。四是岗前培训及安全培训必不可少。

二、合同管理的法律风险

1. 卡·拉高速 Ⅲ 标项目合同条件采用的是FIDIC银皮书。该合同条件有五个方面的显著特点：

第一，承包商承担的工作范围。在EPC合同即银皮书项下，承包商不仅要负责工程施工与保修，而且要负责整个工程的勘察设计，并且工程的重要生产设备也由承包商采购。

第二，工程管理模式。在EPC合同即银皮书项下，不设立独立工程师对项目进行管理，而是由雇主委派雇主代表根据授权直接进行工程项目的管理，因此雇主一般会在现场设置雇主代表。当然，也可以是雇主聘请工程咨询公司的工程师协助管理，但是，他们的身份不再是独立工程师，而是代理雇主进行管理的雇主代表助理，但是他们不是独立工程师，也没有独立工程师的权利，在项目管理中不作为独立的一方出现。

第三，工程的质量要求。一是提供按照合同规定完成工程的建设，包括工程设计、施工与保修，包括提供为完成工程设计、施工、竣工和修补缺陷所需要的材料与服务；二是确保工程建成后其功能达到合同规定的工程预期目的；三是承包商应当实施完成工程所需的隐含工作。

第四，合同价格与支付方式。银皮书项下是总价合同，按照里程碑或者形象进度节点以及合同规定的付款计划表支付进度款。银皮书项下的付款程序是由承包商向雇主直接提交付款申请和相应的文件，由雇主决定是否付款。

第五，承包商承担风险的范围。在EPC合同项下，风险承担的一般原则是，除了合同明确规定应当由雇主承担的风险以外，其他都属于承包商的风险。比如，设计错误与工程质量和预期合同目的不符的风险，不可预见困难的风险，现场数据的风险，项目工程量估算不准确的风险。

2. 加强合同管理，是防范工程项目法律风险的有效途径。

一是重准入，即严格分包商准入制度。"优秀的合作伙伴是成功的基础"。本着属地化管理原则，从市场优先选择在技术力量、装备水平、类似工程经验、声誉与信誉、近几年财务状况和开具保函能力等各个方面综合考察有经验、有信誉、有实力的分包商为合格分包商，从源头上遏制合同风险源的数量。

二是重签约，即严把合同签订关。统一合同范本，最大限度地防范了合同范本的法律风险，避免因表述不当导致法律争议而给项目带来经济上的损失。同时，严格执行合同在公司、项目部两级评审制度，对超出合理风险外的合同，实行上会分析、例外审批。最大限度地杜绝合同签订阶段的法律风险。

三是重履约，即严控合同履约管理。在合同履约阶段，对于现场管理、进度控制、质量验收程序、结算支付等重要环节，将合同约定嵌入工作流程和标准，有效发挥合同约束效力，确保按要求履行合同条款。

四是重监管，即严肃合同的监督管理。企业领导的法治观念是抓好合同监管工作的关键。从合同订立到履行的全过程都有权力在起作用，加强合同监管就是要把权力装进制度的笼子，摒除以言代法，以权代法，以权压法的权本位思想。

三、施工方面的法律风险

1. 质量风险

质量风险的外在表现是：一方面是没有按照合同约定的标准、程序施工造成质量隐患或质量事故；另一方面是中方与雇主代表针对质量标准、检验程序、质量证明文件认定的分歧而产生的纠纷。因此，不是没有形成质量事故的事实就没有质量风险，这一点引起重视。例如，中国企业在巴基斯坦进行房建施工，合同约定采用英国标准。施工图纸标明：砌墙要加入一定数量的拉筋，确保内墙抹灰后没有裂缝。部分中方企业有关技术人员认为，该国年度温差不大，不加入拉筋也可确保质量。尽管最终工程质量没问题，但监理和业主认为中方没有按图施工，不符合结算要求，不予结算，中方企业最终为此付出了相应代价。

2. 安全风险

安全风险主要表现是违反安全法律规定导致的负面影响，极有可能是经济利益流出，也可能是刑事责任的承担。防范安全风险主要是要注意履行当地与安全有关系的法律法规以及合同约定的安全体系建设、安全培训、安全施工、杜绝违规作业等方面的承诺。企业除依法合规做好安全管理工作外，购买工程建设一切险和为员工购买意外伤害险也是减少安全风险的举措之一。

四、其他法律风险

1. 投标报价风险

投标报价风险是巴基斯坦工程承揽的核心风险。项目投标报价蕴含了政治、经济、法律、金融、环保、税务、利率、汇率等一系列的因素，要在平衡若干个因素中达到最优，其难度是可想而知的。但即使难度再大，企业也不能"为中标而报价""为承揽而报价"，置风险敞口于不顾，盲目报价，盲目中标，这方面中国企业在国际工程承包方面付出了惨痛代价，低价中标是中国企业境外工程承揽法律风险产生的重要根源。因此，企业要在充分的法律尽职调查和市场调查的基础上，控制好每个风险的当量和概率，对比企业风险值的承受能力，在此基础上确定合理报价。

2. 环保风险

在工程承揽中，环保将会成为巴基斯坦政府项目立项的重点参考因素。也就是说，严格的环境保护标准将贯彻项目实施的全过程。因此，环保风险是未来企业承揽工程要考虑的首要风险。环保风险必然导致项目经济利益的损失、企业形象的影响。企业要提前熟悉巴基斯坦关于环保的相关要求，在合同谈判中积极应对环保问题，确保在合同谈判阶段的环保风险降到最低。

巴基斯坦制定了较为完整的《环境影响评估（EIA）程序》，将环评列为对发展项目进行审批的先决条件，并对总体做法做了详细规定，其中包含就公共咨询、敏感特殊地区、大型火电项目、化工制造企业、房建和城市发展、工业、道路、废物排放、油气勘探生产等行业的具体环评方法。环评工作由巴国应对气候变化部下属的环境保护局及各省环境部门负责具体执行。环评申请由企业根据不同行业要求向执行部门直接提交，申请环评费用和时间视行业情况有所不同。

第三节　税务风险防范

境外不同国家税法差异较大，同时存在语言和文化障碍，对企业税务管理与规划是一个极大的挑战。在实务操作中，建立完善的税务风险防范机制、制定有效的税务风险防范方案、提升海外财税管理水平尤为重要。

一、税赋风险分析

卡·拉公路 Ⅲ 标项目在投标时仅考虑了7%的所得税。项目实施后，在不考虑进口税费情况下，项目涉及的税种多达6种以上，税赋重、征缴风险大。引起项目税赋风险的主要原因有几个方面：

一是在建项目拖期。巴基斯坦沿用英式治理体系，且本国资源严重缺乏，一些现汇项目业主的资金紧张，中国的高效率高速度与巴方的偏自由容易满足形成鲜明对比、自然灾害影响以及不稳定的安全形势等是项目拖期的外因。而拖期往往迫使税务稽查期间延长。

二是业主拖欠工程款问题。在巴基斯坦不论是投资项目资金回流还是现汇项目业主付款，始终都存在工程款无法及时收回的问题，主要原因是巴国财政相对比较吃紧，巴各级政府的建设资金相对比较滞后；部分私营业主资金链紧张，无法收到工程款，而中资企业的税务成本又需要及时缴纳。

三是联合体公司的联合运营，给中资企业的施工造成了较大的制约。卡·拉公路Ⅲ标项目即是中铁二十局集团有限公司与巴基斯坦当地建筑企业ZKB组成和联合体，而对此联营体，税务要求比较严格，部分税收优惠还无法享受。

四是标准对接困难和恶意竞争。巴基斯坦采用美英设计规范和标准，而且在巴基斯坦的中资企业越来越多，不但要与国外企业竞争，还需要与国内企业同台竞技，不可避免出现低价竞标，而往往在这个时候税务成本就成了被牺牲的对象，税赋风险随之产生。

二、建立税务风险防范机制

（一）设立税务管理小组

2009年5月，国家税务总局发布了《大企业税务风险管理指引》。指引中明确，企业可结合生产经营特点和内部税务风险管理的要求设立税务管理机构和岗位。根据管理需要及人员配置情况，设立税务工作领导小组，设置税务专员岗位，税务专员负责日常涉税事项，关注税收征收管理动态和税法新规。

（二）提升全员税务风险意识

税务问题涉及各类经济业务，例如外部分包队计价，物资采购等。巴基斯坦税法执行代扣代缴制，这样的征税模式就要求全员懂税法，所有经办对外经济业务的人员必须明晰该合同涉及哪些税赋，付款时需要代扣多少税等相关税务知识。定期举办税法知识专题讲座，使全员从税收体制、具体税赋、税率全方位了解税法。确保每一项经济业务严格遵守税法要求，不因为对税法的陌生而产生低级、不必要的税务风险。

（三）建立良好的外部关系

防范税务风险，建立良好的外部关系，主要包括：

1. 与专业咨询机构或专业人士建立可信赖的良好关系。巴基斯坦法律保护每个纳税人的诉讼权，对于企业来说，将与税务机关的各类税务纠纷上诉至税务调解庭或是法院是非常普遍的现象，或者说这是处理税务案件的标准程序。项目选择与毕马威进行合作，在双方长期密切的沟通合作下，未发生因税务纠纷造成税务局强行扣款的极端情况。

2. 与税务机关保持良好的沟通，取得税务部门的理解。遵守法律法规依法纳税是企业应尽的义务。税务局作为征税机关，纳税人必然要接受其监管稽核。为了降低超额税税赋，项目积极的与税务部门沟通，取得了税务部门的理解，通过申诉辩解成功更改税制，降低了企业税赋，结束了超额税纠纷。

3. 相关企业间保持良好沟通。卡·拉高速Ⅲ标项目是中铁二十局进入巴基斯坦的第一个项目，对于整个巴国经济市场环境是陌生的，对于税法也可以说是一无所知，早期进入巴基斯坦市场的其他中资企业的各类资源及经验就显得十分宝贵，当困难来临时与其平时的良好沟通就体现出了价值。当2017年末收到第一份来自旁遮普省税务局的检查通知时，通过交流发现多家单位和我们面临的问题是一样的，随即我们组成临时统一战线，共同寻找解决方案应对税务机关，效果显著。

三、应对税赋风险的措施

（一）税务咨询的支持

由于巴基斯坦的税法每年都会做些调整，因此税务咨询的支持必不可少。当时，总承包商面对巴基斯坦政治经济形势和安全形势、债务状况及国家和银行信用等级情况、通货膨胀情况及汇率变化以及由政府作出的最新的税法规定调整与解读等，都需要专业咨询机构来协助理解与解读，并由此作出税务筹划与核算变更。在合同谈判时，不管与业主签订含税或者不含税的总包合同，也需要专业的税务、法务人员全程参与，避免不必要的损失。

在获取免税证明或者签署免税条款之前，也需要资深的税务咨询对相关免税条款进行研究，只有在确认该免税条款合法或者在未来可以实现合法的前提下才能接受。在与税务局以及其他企业的涉税文件与信函的往来中，需要对不理解的部分取得税务咨询的专业意见，辅助决定。在涉及到销售税的合同谈判中，更需要税务专员或者咨询师的参与，避免额外承担销售税导致亏损或者法律纠纷。

（二）符合要求的现金管控

大额现金支出，大大增加了资金支付的风险，也最容易违背巴基斯坦税法规定，导致企业增加税务成本，因此务必对现金进行严格管控。首先，必须强化整个企业的非现金支付意识，将对外付款，务必要求使用银行转账或者支票等方式支付，从而降低大部分现金使用额度；其次，对于确实无法规避的现金支出，如果不涉及预扣税的代扣代缴，可以采用报销的方式进行支付，由公司的员工借款，并办理报销进行银行转账支付，可以避免现金的支出。再次，对于既需要涉及预扣税的代扣代缴，又需要涉及现金支出的部分，如果在本企业内部控制许可的范围内，可以采用替代成本法。比如咨询费用支出，对方只接受现金，则需要找一家可靠的第三方，签署相关采购或者服务协议，通过银行支付给第三方，同时代扣代缴相关税费，第三方收到款项的同时，将现金支付给咨询费用收取方。

（三）建立税务核算小组完善预扣税的代扣代缴

境外承包企业在对外付款时，需要根据收款方的企业性质、税务申报情况以及巴基斯坦税法规定的预扣税税率，进行正确的代扣代缴，并按月进行申报，规避预扣税风险。而要实现对该风险的规避，税务核算小组必不可少，该小组成员必须熟悉巴基斯坦税务的基本操作步骤，掌握税务核算的基础知识，对每一笔支出严格要求，并逐笔登记在册，如此方能实现对预扣税的扣除、缴纳、对应成本项的申报等不出现税务问题，从根本上解决预扣税的代扣代缴风险。

（四）规避分包队伍的税务风险

境外承包企业在进行工程施工过程中，或多或少会使用自己的国内施工队伍，分包给其部分工程。在进行所得税申报时，如果将国内施工队伍的分包成本直接作为外账成本计算，则对其预扣税的扣缴将是很大的成本，国内分包队伍或许无力承担。同时这些国内分包单位并没有在巴国进行所得税申报（或者简易申报），因此巴基斯坦税务局对该部分成本不予认可，直接征收所得税。

要规避分包队伍施工带来的税务风险，首先，需要考虑该分包队伍是否适合以及有能力在巴基斯坦注册成立独立的分支机构并对外单独报税，如果分包队伍具备该能力，可以要求其注册当地分支机构，并对该分支机构付款和完税。其次，分包队伍无能力单独注册成立分支机构，甚至其自身财务核算能力一般的情况下，需要考虑全盘接收分包单位实际发生的发票并完善预扣税来替代整体分包成本，这样可以节省与分包队伍之间的预扣税成本，但要求境外承包企业本身具备较好的财务税务知识与核算能力，并从源头上控制资金的流出。对分包队伍的成本支出采取代付或者报销的方式是规避分包队伍税务风险的有效途径之一。

（五）规避个税以及当地社保的税务风险

个税扣缴是属于所有中资企业的共性问题，解决办法如下：

1. 据实缴纳个税，个税由个人承担

在巴基斯坦的投资公司基本上实现了据实缴纳个税。而其他中资企业往往采用在巴基斯坦境外的母公司的银行账户代为支付。这种支付方式虽然可以借用中巴双边税收协定进行辩护，但是最终能否成功尚待验证。而一部分中资企业按照中巴税收协定中累计183天内免缴个人所得税的条款，采取半年内换人的方式，这种方式虽然可以避免个税缴纳，但是对于工作的衔接造成了很大的影响，不利于广泛推广。

2. 成本替代的办法，将工资替换成服务费用，缴纳一部分预扣税进行完善，个税转由公司承担。这种操作方法，首先需要取得母公司的政策支持，其次需要取得当地税务主管机关的书面认可。具体可以操作为，母公司与分支机构或者子公司签订技术或者劳务人员提供协议，分支机构或者子公司按月或者定期向母公司支付服务费用，母公司收到服务费用之后，对其技术或者劳务人员发放劳务费用。

第四节　外汇管理风险防范

硬货币是在国际金融市场上汇价坚挺并能自由兑换、币值稳定、可以作为国际支付手段的货币。软货币是在国际金融市场上汇价疲软，不能自由兑换他国货币、信用程度低的国家货币。在经营投标过程中，由于企业无法准确、及时掌握汇率变动情况，若以软货币进行投标报价，一旦中标，则要承受合同价格贬值的风险。因此，软货币

贬值风险不可控，尽可能选择硬货币，不建议选择软货币投标报价，从源头上遏制汇率风险中的价格风险。

一、多管齐下，全面控制汇率风险

首先，要借鉴专业机构的评定结果，加强对汇率走势的研究。汇率变动是产生汇率风险的根源，所有规避汇率风险的措施都是建立在对未来汇率走势的预期基础之上，因此加强对汇率走势的研究是有效规避汇率风险的强力措施。

其次，对项目进行属地化管理，降低外币支付。积极整合当地资源，努力将项目人工成本、直接材料费、机械费、其他直接费、间接费等成本尽可能高比例在属地开支，全面降低进口设备物资支付、引进劳务成本支付，大大降低本位币贬值带来的外汇折算损失。

再次，精管快干，降低时间延续带来的汇率损失。一是通过打时间仗，降低物价上涨风险比例，鉴于软货币大多长期缓慢贬值，因此，本位币贬值必然带来物价上涨从而导致成本增加，只有缩短时间才能降低损失；二是对于外币支付要及时办理，贸易回款要在清关办理完成后一个月回款，利润按所在国央行规定尽量争取按年度回款，通过及时回款以将汇率损失中的折算损失减少。

最后，适时引入保险理赔机制。对于存在汇率变动、通货膨胀的项目，可根据对项目的综合评判，适时引进信誉度好、赔付能力强的保险公司进行投保，以实现风险分摊，确保项目损失有一定程度上的减少和弥补。

二、加强管理，做好变更理赔工作

加强同业主方的沟通联系，当存在潜在的汇率风险时，及时向业主单位发送律师函、询证函等具备法律效力的函件，明确阐述我方的理赔要求，并有效保存，以便于日后变更理赔工作的顺利开展。

三、利用期汇交易、金融理财产品

可以通过外币远期交易的方式锁定外汇汇率，从而避免外汇汇率大幅波动带来的汇兑风险。可以采用外汇无本金交割或远期结售汇业务。

第五节 经济风险与防范

一、巴基斯坦经济形势

世界银行在2021年4月6日发布《不确定时期的巴基斯坦发展》报告指出，巴基斯坦已显示出脆弱的经济复苏迹象，逐渐恢复了经济活力，预计将实现1.3%的增长率。并在2023财年平均提高到2.7%。按照政府规划，"愿景2025"计划开展的项目和为实现可持续发展目标服务的项目将享受最高优先级资金分配。而中资建筑企业与当地建筑企业报价竞争不具备优势，且在巴中资建筑企业间的竞争也很激烈，总体环境不乐观，企业发展面临严峻的挑战。

在应对巴基斯坦经济形势对项目造成的影响，项目管理团队主要做了以下工作：

1. 入乡随俗，遵纪守法，营造良好外部环境。巴基斯坦民族较多、民众信仰伊斯兰教，为创造良好的社会环境和人文环境，卡·拉公路Ⅲ标项目注重在项目施工、人员招聘以及管理各个环节，尊重当地民族传统、风俗习惯以及当地法律法规。

2. 加强海外人力资源管理，推进人才体系属地化建设。人力资源的属地化建设是项目盈利的核心之一。卡·拉公路Ⅲ标项目注重从制度设计、企业文化、培训机制三个方面推进项目属地化人才体系建设。

3. 有效利用当地资源，推进项目生产经营。积极开拓，建立和维持高效的当地客户关系网络。充分利用当地各类机构，防范风险。如聘用当地法律顾问解决经营中的法律问题；聘用当地税务顾问，解决项目税务管理漏洞等。加强与当地伙伴的合作，以属地化的方式开展工作。注重利用当地各类资源，构建属于自己的资源体系。

4. 积极履行社会责任，推进中资建筑企业品牌建设。履行社会责任不仅是企业在巴基斯坦立足和发展的重要基石，也是国企社会责任意识的体现，更是中资建筑企业品牌建设的重要方面。在巴基斯坦的中资建筑企业特别是国有企业要积极履行社会责任，彰显民族品格，展现国家形象。

二、持续走低的汇率影响

（一）合同支付货币兑换人民币汇率持续下跌

卡·拉公路Ⅲ标项目是由巴基斯坦政府独立投资，是卢比合同、卢比计价、卢比支付，外汇使用额度为合同额的16%（在有证明文件的基础上），外汇使用范围为员工薪资补贴、施工设备和成套生产设备、施工材料、利润。该项目合同签订时，美元兑巴基斯坦卢比汇率为1∶106，目前（2021年6月）世界银行公布的汇率为1∶153.55，按此汇率计算，因卢比贬值导致项目汇兑损失率达44.86%。

（二）汇率下跌成因及影响分析

1. 贸易逆差不断扩大、外汇储备减少。巴基斯坦经济面临持续经济压力，赤字扩大，外汇储备减少。针对外汇储备危机，巴基斯坦推出进口限制政策，限制对奢侈品，以及卡车、移动电话、香烟和珠宝等非必需品的进口，通过卢比贬值以保持市场竞争力等方式防止外汇储备危机。

2. 外部债务增加。巴基斯坦国际收支危机日益严重，贸易逆差较大，对外收支压力越来越大。货币贬值、加息将成为抑制对外收支不平衡的措施。

3. 项目自带汇率风险。卡·拉公路项目是巴基斯坦政府预算资金项目，国际竞标项目，招标文件中明确合同支付为卢比。合同签订时，巴基斯坦公路局不同意签订美元合同，经对卢比过去5年的汇率比较分析，认为卢比为缓慢贬值，只要业主按合同支付，施工管理有序，外汇风险可控，最终签订了卢比合同。

（三）汇率损失防范措施

项目管理团队应对汇率风险的制订了以下主要措施：

降低在项目所在国以外地区采购等成本开支，减少外币支出，努力将汇率风险控制在项目利润加管理费范围内。该项目为卢比合同，卢比计价支付，在卢比购买力不下降的情况下，如果构成项目的成本因素都在所在国，那么汇率风险仅仅影响项目利润。因此，在项目中标后，项目领导从合同出发，从成本因素出发，从降低汇率风险因素出发，努力整合当地资源。从劳务输出转变为管理输出、技术输出，中国人带动当地人比率超过1∶20；材料、生活物资全部从当地采购，除非当地价格特别高或者必须进口的物资；设备采用租赁加采购模式。将该项目成功运营为属地化管理的项目。

学习合同，履约合同，严格按照业主进度施工。"天下武功唯快不破"精心策划，精密组织，在确保安全、质量、环保、效益的前提下快速施工，通过一个"快"字来降低各种风险。2016年1月至2018年9月汇率变动分析，2016年1月至2017年9月汇率变化比较平稳，21个月汇率贬值率为1.87%；2017年10月至2021年3月汇率变化幅度较大，42个月贬值率为42.99%。通过快施工，在2018年卢比大幅贬值前，主要工程已完工，规避了因卢比贬值导致的材料上涨风险而增加项目成本。

对已完工程量及时办理中期进度检查表确认，及时计价，及时索要工程款。及时计价索要工程款是双方履行合同的根本，是快速施工降低各项风险的基础。坚持在施工过程中，所有对下分包、采购合同（除进口采购）全部采用卢比币种合同。将卢比贬值风险转嫁给分包方、供应商。及时将进口设备物资款、利润汇回。进口物资办理完清关手续后，依据所在国央行要求将贸易回款资料准备完毕及时提交银行回款。

（四）应对汇率风险的经验总结、教训汲取及工作建议

经营投标过程中尽可能选择硬货币；多管齐下，全面控制汇率风险；加强管理，做好变更理赔工作；利用期汇交易、金融理财产品。

三、财务风险

1. 计量支付

在巴基斯坦不论是投资项目资金回流还是现汇项目业主付款，始终都存在工程款无法及时收回的问题，主要原因是巴国财政相对比较吃紧，巴各级政府的建设资金相对比较滞后；部分项目资金链紧张，无法收到工程款。

2. 企业利润回款难

根据巴基斯坦外汇管理规定，外资企业将资金汇回母公司，主要有三种途径，一是公司在巴基斯坦账户收到母公司的借款资金；二是进出口贸易向供应商支付货款；三是经过审计后的公司净利润。利润回款需要提交经审计的母分公司财务报表，分公司当年及以前年度税收情况及计算资料、以前年度的税务评估决议等资料多达11项，且巴基斯坦央行审核严格苛刻。

第六节　安全风险与防范

一、安全形势

巴基斯坦长期面临较为恶劣的恐怖主义威胁形势。2018年巴基斯坦政府换届大选，虽然各大小城市集会、游行、示威等活动以及恐怖袭击频繁发生，对项目正常施

工和人员安全造成威胁，但在中国大使馆、拉合尔总领馆的悉心指导下，中方员工高度戒备，严格执行安保标准，国有资产和员工安全未受到大的影响。

二、防护措施

卡·拉公路Ⅲ标项目所属各单位坚持"内紧外松"的安保管理理念，强力实行"准军事化"的管理模式。项目成立了三层安保体系：一是每个驻地都配置了安保特别行动队（SPU），全线共配置安保队员810名，警车31辆，24小时巡逻检查，保证驻地和施工现场中方人员安全；二是通过当地有资质的保安公司，雇佣了240余名专业保安人员，负责所属驻地内及周边场站、工地现场的设备、物资等安全防护；三是成立了安保小组，各驻地安保小组与所属区域保安负责人、SPU负责人始终保持24小时电话畅通。

项目在实施过程中，周边地区恐怖袭击时常发生，给施工人员带来极大心理压力。一方面加强员工心理疏导，另一方面配合巴基斯坦SPU工作，确保外出人员安全。另外，地方交通秩序混乱、事故频发，要求加强员工管理，同时加强外聘巴国司机管理，杜绝事故发生。巴基斯坦SPU安保部队工作效率低，项目管理团队保持与SPU高层沟通，值勤人员和值勤车辆提前联系提前准备，人到即走。

卡·拉公路Ⅲ标项目将"不发生一起人员重伤及以上事故"作为安全管理的目标。所属各单位施工安全规章制度健全，措施落实到位，管控体系有效运行；安全包保责任制落实全面到位，班前讲话、工前教育和工后总结工作持续有力；安全宣传教育长期开展，各种安全隐患排查和消除常抓不懈。项目自进场以来，强化火工品，架梁、高空作业，设备运行和交通安全等重点安保项的管控，杜绝了重伤及死亡情况，没有发生等级生产安全事故，也没有发生重大负面影响事件。

第七节　政治风险防范总结

一、国际政治环境变化引发的风险与防范

国际政治环境变化引发的政治风险，既包括经国际组织等针对东道国采取的经济制裁和武力威胁等手段，也包括其针对中国企业的直接干预和遏制。

1. 针对东道国的制裁和威胁

通常是一国或数国对破坏国际义务、条约和协定的国家采取的惩罚性措施。常常被经济实力强大的国家利用作为打击、削弱其他国家政治、经济和军事实力的手段。

2. 针对中国企业的干预和遏制

近年来，中国在海外的直接投资规模和范围都在增加，必然会挤占西方发达国家的既有市场，威胁其在石油、矿产等自然资源的进口来源。同时，中国在国际政治经济中的话语权逐步提升，对既得利益集团也是威胁。既得利益集团，一方面通过舆论抹黑中资企业，遏制中国的影响力，散播中国忽视人权、交易不透明不对等、加重他国债务、中国制造存在质量问题等不实言论。另一方面加大经济外交力度，挤压中国在东道国的发展空间和利益。

以上这些因素对中资企业在巴的发展是一个潜在的风险。因此，在开展属地化经营过程中中资企业需要时刻关注所在国的主流媒体动态、所在国使领馆安全预警、经营业务范围的舆情信息、西方国家敌对言论及相关制裁措施等。务必遵循国资委、股份公司海外经营管理制度，做到依法合规经营，防范经营风险。

二、政府换届可能引起的风险防范

巴基斯坦实行多党制，现有政党200个左右，派系众多。巴基斯坦政府每隔5年进行一次换届选举，政治局势总体稳定，巴军方在稳定国家、地区局势、处置突发事件中具有不可替代的作用。

巴基斯坦为多党制，党派斗争激烈，存在政府换届后新一届政府责成国家问责局对上届政府进行反腐调查、审计和调查上届政府投资项目的情况。因此，在巴基斯坦开展经营活动应严格遵循依法合规的原则，避免卷入党派斗争，规避经营风险。

第八节 人文风险与防范

一、宗教信仰的理解和尊重

建筑行业是劳动密集型的行业，需要大量的劳动力，由于当地村民长期在相对较封闭的环境生活，如果家里养了两头牛，牛吃草，他们喝奶，不用干活也能生活下去，他们就不想主动出去找活干。但当他们发现周围有人找到工作后，每月都能领到工资，生活质量得到了很大改善，于是巴籍员工一个介绍一个，都积极来参加项目建设。卡·拉高速先后在当地招募近万人参加建设，尊重民族宗教信仰，践行"以人为本"是中铁二十局的优良传统，也是企业文化"落地生根"的自然行为。中方给予他们在斋月等特殊时期关怀，避开了下午最高温时段的施工作业，为尊重巴籍员工的宗教信仰腾出了大量时间，保证了现场任务不受斋月的影响，也避免了劳务人员的流失，受到巴籍员工欢迎和拥护。巴籍员工逐步受到感染，他们在工作时间更加努力，劳动效率得到很大提升，施工产值提升很快，巴籍员工的收入也因此增加，从而激发了巴籍员工的积极性，让巴籍员工开始融入和适应中方的管理，巴籍员工工作积极性和纪律性显著增强。

二、风俗习惯的遵守和融合

巴基斯坦人总体来说是比较尊重、钦佩中国人的，他们觉得中国人不仅勤劳聪明而且特别能吃苦耐劳。虽然中巴友谊由来已久，两国之间的关系十分密切，但是仍然绕不开文化差异、宗教信仰等方面的影响。

在驻巴基斯坦的中资企业，包括华人圈里，流传着这样一个段子，说是巴基斯坦人有三句口头禅（又称"三宝"）：No Problem（没问题），Tomorrow（明天），Inshallah（阿拉伯语，听从阿拉之命的意思）。中资企业管理人员的切实感受是，与巴基斯坦人交往办事，他们总是会不假思索地承诺答应，听起来、看起来都十分干脆利索，但是办事效率特别低。在巴基斯坦施工时间长了，大家对时间的理解也逐渐地"属地化"了，比如，巴基员工所说的"一分钟"基本上等于中方人员所说的"十分钟"；如果说要等一小时后再开工或者办事，那么中方人员可能至少需要等待两个小时以上；如果说某件事情需要较长时间，你就会听到他们不停地说"Tomorrow"，意思就是明天再办或者慢慢地甚至是遥遥无期的等待。鉴于此，由于文化背景的不同，所有施工中有重要的事情需要办理，中方人员据此经常而且必须向他们反复强调是"中国时间"，而不是"巴基斯坦时间"。这样双方才可能在同一时间段坐在一起开始说事。

巴基斯坦人喜欢吃香辣的食品，他们用胡椒、姜黄等做的咖喱食品闻名世界。巴基斯坦菜，无论是肉、鱼、豆类，还是蔬菜，绝大多数是辣的，泡菜也是辣的。没有炒菜的习惯，无论是牛肉、羊肉、鱼或是各种豆类、蔬菜，均炖得烂熟。吃饭时不要用左手给他们递东西，他们认为左手是脏的，只用右手。在项目部及各个工区，餐厅都专门为巴方人员准备符合当地人饮食习惯的食品，在不触碰禁忌的情况下，也让巴方人员感受到"舌尖上的中国"，了解中国的饮食文化。

巴基斯坦的气候炎热时间较长，因此当地村民祖祖辈辈的穿着都十分简单，尤其是穿拖鞋很流行，或者干脆赤脚。为保证施工人员安全，项目部要求员工工作时间必须穿好防护服、戴好安全帽，不能穿拖鞋更不能赤脚，刚开始，巴籍员工觉得很不适应，觉得特别别扭。经过几个月的磨合，巴籍员工都能按照要求做到穿戴整齐、防护到位，不少员工还学会对防护用品的检查和保养。巴籍员工说，穿上带有中国铁建和中铁二十局标志的防护服既帅气又让亲戚朋友羡慕不已。当适应成为习惯，巴籍员工即使下班以后也不再喜欢赤脚了，而是精神抖擞衣着整齐，展现出崇尚文明生活的新风尚。在距离项目不远的巴基斯坦费莎拉巴德市的服装店里，突然有了很多中国生产的衣服，店员用英语一直夸赞中国的衣服好，并介绍说，当地人很喜欢这些服装，而且来购买的当地人特别多，这是对中国文化认同的体现。

仔细了解有些矛盾的细枝末节也是项目部管理工作的重点之一。比如：巴基斯坦人不喜欢别人拍其后背，因为这在他们看来通常是逮捕犯人的行为。在与巴基斯坦员工相处过程中，有的中方员工因不知原委，所以经常会犯这一禁忌。当然，也有许多巴籍员工会包容中方员工的这种"错误"。因此在施工作业和生活交往中，针对当地的一些习惯，纳入项目管理人员的日常行为培训，经常性地进行强调，让每个中方员工都高度重视，并真诚尊重巴籍员工，严格遵守当地文化及风俗习惯。从而避免了一些冲突，中巴双方的人员能和谐共处，成为保障工程顺利施工的关键。

三、文化差异的沟通与互信

管理是一门艺术，没有差劲的队伍，只有差劲的管理者。作为项目管理者，如何让工地上避免出现这些"矛盾"和"纠葛"？最根本的方法是要让两国的员工从自我做起，互相了解，加强理解，开放包容，求同存异，彼此适应，寻求平衡。为此，项目部通过举办知识讲座和文化交流活动，让中国员工了解巴基斯坦的民俗、宗教和历史，让巴籍员工了解中国传统文化，增强两国员工之间的相互文化认同感，化解"矛盾"与"纠葛"。增强文化认同中加强管理，才是解决矛盾的最好方法。

（一）共庆中国年

"每逢佳节倍思亲"，春节是农历的岁首，春节的另一个名称叫过年，是中国最热闹、最盛大的一个古老传统节日。在海外工作的建设者，常常不能和家人一块过年，但在春节期间，工地上营区到处都是一幅"年"的喜庆。2017年春节期间，卡·拉公路Ⅲ标项目沿线的杰兰瓦拉、南卡纳、谢胡布尔、森蒙德利等市（区）政府行政长官率领有关人员统一行动，分别来到卡·拉高速公路项目就近的工区，带着节日慰问品，祝贺中国员工新春快乐。乌马尔市长不但为参建中方员工准备了精美的巴基斯坦国产特色的新年礼物，还专门请来了乐队，精心准备了自助餐，举办聚会。联欢活动从同唱中巴两国国歌开始，在庄严的国歌声中，所有人都感受到了祖国的强大与巴基斯坦

图10-1 南卡拉市政府官员到项目部和中巴员工共度中国新年

人民对中国人民的友好和信任。巴基斯坦是个能歌善舞的国家，与中铁二十局员工共度佳节，当地官员和中巴两国员工共聚一堂，载歌载舞，节日气氛热烈，在精彩的《真的友谊》《黑衣丽人》等歌曲声中，巴方慰问团邀请中方参建员工一起跳起巴基斯坦人喜爱的舞蹈，联欢会一直持续了很长时间，双方人员都沉浸在欢乐的海洋里。中方人员在异国他乡感受到家的温暖，巴方人员更加贴近中国文化，加深了友谊（图10-1）。

（二）文艺搭桥，文化交流

让全体建设者记忆犹新的是2017年10月25日，由孔子学院总部主办，费萨拉巴德孔子学院承办的中南民族大学艺术团来到建设工地深情慰问项目员工（图10-2）。

在项目营地临时搭建的帐篷舞台里，笑声盈盈，气氛温馨。中巴双方员工代表、巴基斯坦国家公路局业主总经理、AER、ACC代表等210余人欢聚一堂，观赏了一场具有浓郁中国民族风情、精彩纷呈的"文化大餐"下午2时30分，慰问演出开始。艺术团演出了民族大联舞《多彩中华》，马头琴独奏《万马奔腾》《蒙古人》，女子群舞《雪域姑娘》，中国民歌《茉莉花》《龙船调》，哈萨克族男女群舞《石人与天鹅》，傣族女子群舞《花腰小摆》，武术《翻子拳》，双人舞《无言的倾诉》和藏族男女群舞《则柔》等节目。可谓是精彩纷呈，令人目不暇接（图10-3）。

台上欢歌飞扬，台下掌声雷动。历时两个小时的演出，掀起了一阵阵令人迷恋的"中国风"。

这是一次慰问演出，也是一次文化交流，更是一次精神聚餐，不仅让身在海外的建设者倍感亲切和欣慰，而且让巴方员工身临其境地感受到中国的艺术文化。

（三）构建"同一个家"

两年多来，我们秉承共商、共建，推进构建人类命运共同体的发展理念，400多名

图10-2　孔子学院慰问演出

图10-3　表演川剧变脸

中方管理人员与8000余名巴基斯坦员工通力合作，多次创造巴基斯坦施工纪录，并创造了近万个工作岗位，培养了数千名技术工人。

我们把巴方人员当作一家人，把构建"同一个家"文化作为建设好项目的重要内容之一，为此项目部制定了一本专门的指导手册，旨在传承两国人民的友谊，促进项目建设，履行了中国企业的国际社会责任担当。特别是在晚上加班，为了让巴籍员工能够长时间在高温环境下安心投入工作，各工区特意安排专人负责中巴籍员工的吃饭问题，尽最大努力保障他们有较好的膳食，为了给巴籍员工降温避暑，按照当地人的饮食习惯，工地上还准备了有冰块的纯净水供他们饮用。对于居住较远的巴籍员工，工区安排车辆接送。"无微不至"的关怀细节，使得巴籍员工的流失程度大大减少，许多巴籍员工在工作中与中方管理人员达成默契，干活劲头一点也不比中国人差。

费萨拉巴德农业大学校长发表了热情洋溢的致辞，盛赞中铁二十局员工不仅是卡·拉高速公路Ⅲ标的建设者，更是中巴友谊的建设者和传播者。

第三篇

合作与展望

（摘要）卡·拉高速公路项目建设者秉承铁建人逢山开路、遇水架桥的精神，展示了中铁二十局在"一带一路"伟大实践中创造的"中国速度""中国质量""中国风采"，树立起中国铁建品牌优势具有重大意义。CR20G积极融入当地文化风俗、遵守巴方政治、经济政策和法律法规，得到巴基斯坦国家、部委、地方领导和当地人民的关怀、关心和支持，中国铁建及中铁二十局的各级领导也十分关心项目建设，多次到现场进行指导、慰问。项目建成通车对改善巴基斯坦国内道路交通状况，提升南亚、西亚和中东等地区"一带一路"沿线国家的互联互通具有重要意义，为中铁二十局海外事业发展再创佳绩，为企业进一步走出去，深耕海外市场奠定基础。

(Abstract) Adhering to the strong adaptability, the builders of the Karachi-Lahore motorway have demonstrated the "Chinese speed", "Chinese quality" and "Chinese style" created by CR20G in the great practice of the "the Belt and Road", and it is of great significance to establish the brand advantage of China railway construction. CR20G actively integrates the local culture and customs, abides by Pakistan's political and economic policies, laws and regulations, cared and supported by Pakistan, ministries and commissions, local leaders and local people. Leaders from China Railway Construction and CR20G are also very concerned about the project, and have visited the site for guidance and condolences for many times. The completion and opening of the project are of great significance to improve the domestic traffic conditions in Pakistan, enhancing the connectivity of countries along the "Belt and Road" in South Asia, West Asia and the Middle East. It has created new achievements for the overseas business development of CR20G, laying a solid foundation for enterprises to develop globally and deeply cultivating overseas markets.

Part III

Cooperation
and Prospects

第十一章　合作
Chapter 11　Cooperation

第一节　领导关怀

2018年5月28日的卡·拉高速公路Ⅲ标通车仪式上，巴基斯坦时任总理对中铁二十局的施工质量给予了高度评价，认为是中巴友谊的象征。

项目建设期间，中国铁建副总裁汪文忠、总经济师赵晋华、总工程师雷升祥，中铁二十局原董事长邓勇、总经理文珂、原总经理陈宏伟、党委副书记李胜义、原副总经理、总会计师、总法律顾问蒋盛煌、副总经理王作举、原工会主席赵斌、中国驻拉合尔原总领事龙定斌、中国驻巴基斯坦使馆经济商务参赞王志华等领导，不畏炎热与艰苦多次深入项目一线，看望慰问参建员工指导调研工作，给了项目参建干部职工极大的鼓舞与信心。

2016年8月26日，中国铁建总经济师赵晋华莅临项目检查指导工作，看望员工，在查看现场听取汇报后，提出六点要求："一要重视项目合同工期，重点抓好桥涵结构物和路面施工。二要严格设计标准，优化施工方案。三要加强合同管理。四要高度重视安全质量管理，在海外发展，尤其要讲诚信、讲标准、讲长久。五要重视安保工作，要进一步积极配合当地政府做好安保工作，同时要尊重所在国的文化，处理好与当地群众的关系。六要通过干好项目，进一步扩大中铁二十局乃至中国铁建在巴基斯坦的市场空间。"这六点要求，既高屋建瓴、富有指导性，又直面现实，具有针对性。

2017年2月28日，中国驻拉合尔总领事龙定斌莅临项目检查指导工作，慰问参建员工，观看项目建设宣传片，听取工作汇报，与项目领导班子座谈。龙定斌说："卡·拉高速公路标项目是一带一路和中巴经济走廊建设的重要环节，作为拉合尔总领事，我深切感受到你们奋力拼搏，争做国家'一带一路'建设排头兵的勇气与魄力。我将在任期内为中铁二十局扎根巴基斯坦市场，实现滚动发展做好服务。"

2017年8月1日，中国驻巴基斯坦使馆经济商务参赞王志华到项目调研，检查安保工作和巴籍劳务使用管理情况。他表示，将把卡·拉高速公路标项目的好做法、好经验在巴基斯坦其他中资企业推广交流，推动中国企业更好地"走出去"。

第二节　当地社会反馈

卡·拉高速公路Ⅲ标项目是中铁二十局积极响应国家"一带一路"倡议，实现"走出去"的生动体现，彰显了铁军精神，央企风采，为国家争了光，也为企业发展做出了突出贡献。这个项目的管理模式复制到国内，也是先进生产关系的代表，项目的成功经验，为继续扎根巴基斯坦提供借鉴。

从招标到正式签约，从开工到建成通车，巴基斯坦卡·拉高速公路Ⅲ标项目展现了中铁二十局在"一带一路"伟大实践中创造的"中国速度""中国质量""中国风采"，以及项目施工技术在中巴经济走廊建设中的重要示范带动作用。一是该项目为巴基斯坦目前为止投资规模最大的公路工程；二是该项目是中巴经济走廊3个旗舰项目之一；三是该项目建成后将成为中国和中亚国家通往卡拉奇和瓜达尔港的交通干线，是该国首条具有国际最先进智能交通系统的双向六车道高速公路。

在卡·拉高速公路的投入使用之前，拉合尔至木尔坦之间路况差，单程行驶需要7个小时左右，而且交通事故频发，严重制约当地的社会和经济发展。如今进入高速公路时代，距离缩短了，稳定而平顺的高速公路把拉合尔至木尔坦之间行驶时间缩短了一半以上，现在仅需要3个小时就可以畅达。据统计截至2021年12月，卡拉高速公路行驶的车辆有774万次。

中国拉合尔原总领事郁伯仁则这样说，中铁二十局承建的卡·拉高速公路Ⅲ标项目是贯通巴基斯坦南北交通大动脉的重要组成部分，对改善巴基斯坦国内道路交通状况，提升南亚、西亚和中东等地区"一带一路"沿线国家的互联互通具有重要意义。

如今的卡·拉高速公路，车流量日益增多，加快了物资和人员的流通速度，降低了运输成本，发挥了交通大干线的作用，区域社会和经济发展得到强力支持。许多过往司机如是说："行驶在卡·拉高速公路上是一种享受，驾驶乐趣油然而生。不但缩短了行车时间，还可以尽情欣赏沿途的麦田、河流、城市、村庄等风景。"

第三节　项目获奖展示

2017年5月，中国共产主义青年团中央委员会授予卡·拉公路Ⅲ标项目部"全国青年文明号"称号。

2016年12月卡·拉高速公路Ⅲ标项目部获得2016年度中国铁建重点工程劳动竞赛先进单位。

2020年7月获得中国施工企业管理协会工程建设项目"绿色优秀设计奖"。

2020年9月获得2020国际工程绿色供应链管理领先项目称号。

2020年12月获得2020年度国家优质工程奖。

第十二章　展望

Chapter 12　Outlook

古人云："不谋万世者，不足谋一时；不谋全局者，不足谋一域。"以卡·拉高速公路项目为起点，中铁二十局又在谋划更大的海外发展愿景，让海外优先战略逐变为现实。

第一节　从"三分天下"到"平分秋色"

2019年4月15日，中国铁建海外工作会议在北京召开。虽然是一次专项会议，但其规格一点也不亚于年度工作会议，中国铁建高层领导悉数到会。旗下所属27个集团公司，带着海外团队从世界各地赶来参会，其终极目标只为一个，那就是做"建筑业排头兵，国际化大集团"。

为进一步明确发展目标，夯实责任，中铁二十局形成主管领导负责抓海外战略规划和高层对接，分管领导抓具体项目落实，并推行分层、全方位、立体考核动态管控机制，做到奖罚分明，激活各层级经营人员的积极性。中铁二十局审时度势、未雨绸缪、超前布局、力争主动，中铁二十局巴基斯坦国际公司呼之欲出。在卡·拉高速公路这个"超级工程"建设渐入收官之际，中铁二十局党委于2018年初作出决定，以卡·拉高速公路管理团队为班底，组建成立巴基斯坦国际公司，全面负责巴基斯坦市场经营工作。

第二节　巴铁有田待深耕

在中铁二十局开辟的海外市场中，从时间上看，巴基斯坦不是最早的，但从投资规模上看，却是最大的公路项目。而且随着中巴经济走廊建设速度的加快，其蕴含的巨大潜力不可估量。

2015年4月，习近平主席成功对巴基斯坦进行国事访问，中巴双方确定以中巴经济走廊为中心，以瓜达尔港、能源、交通基础设施、产业合作为重点的"1+4"合作布局，开创了中巴经济走廊建设的新局面，走廊建设进入快车道。

5年中，中巴经济走廊早期收获项目多达22个，给当地社会创造了数万个就业岗位，满足了860万户人家的用电需求，这些极大改善了巴基斯坦的基础设施，有力改进了巴基斯坦的民生福祉。

卡·拉高速公路Ⅲ标项目的建成通车，就是其中早期收获项目之一。如今，一辆辆汽车像奔跑的马儿撒开了蹄子，承载着光荣的梦想，奔驰在卡·拉高速公路上。

2018年11月，中巴两国签署《关于加强中巴全天候战略合作伙伴关系、打造新时代更紧密中巴命运共同体》的联合声明，并在12月成功召开了中巴经济走廊联委会第八次会议，表示下阶段的走廊建设要夯实走廊早期收获项目，确保已建成项目顺利运营，在建项目加快推进，在能源和交通基础设施建设领域取得新进展。同时，结合走廊长远发展和双方需要，完善合作机制，推动走廊建设向产业园区、社会民生等领域拓展。

自从中标卡·拉高速公路Ⅲ标项目后，中铁二十局做大做强、海外发展的信念更加坚定，先后成立了海外部（海外经营管理中心）全面负责海外工作；组建了安哥拉、莫桑比克、巴基斯坦3个国别公司，安哥拉项目群、蒙古国立交桥、阿尔及利亚房建、泰国23号公路、秘鲁安第斯国家公路和乌兹别克斯坦水渠6个项目经理部，设有西非东非、亚太、欧亚4个事业部和若干办事处，海外经营格局已经形成并完善。为中铁二十局加快国际化步伐，打造"百年老店"做出了高瞻远瞩的谋划。中铁二十局仅在2018年，就成功开辟了泰国、秘鲁、乌兹别克斯坦和印度尼西亚4个新国别市场，2019年成功开拓马拉维和埃及市场，2020年开拓巴西、突尼斯、加纳、菲律宾、斯里兰卡5个国家，2021进入喀麦隆市场，让海外国别市场增加至20个，实现了企业在东南亚、南美洲和中亚地区的新突破。

第三节　伟大远景

多年来的海外实践，中铁二十局历经市场风浪而不动摇、历经艰难困苦而更坚毅，克服了许多在当时看来难以克服的困难，办成了许多在当时看来难以办成的大事，不但积累了十分宝贵的经验，而且获得了许多有益的启迪。概括起来，那就是：置身海外市场，必须培育艰苦奋斗荣辱与共的创业精神，这是海外事业不断发展的思想基础；参与国际竞争，必须树立品牌至上、遵循国际惯例的市场意识，这是立足海外市场的牢固根基；防范海外风险，必须养成行稳致远、谋定后动的稳健作风，这是做好各项工作的根本前提；致力于海外事业的健康发展，必须增强尊重知识、尊重人的人本观念，这是海外事业持续发展的有力保障着眼于国际建筑市场的发展趋势，必须与时俱进，保持追求卓越、奋勇当先的昂扬斗志，这是海外事业做大做强的不竭动力。这些在实践中产生的海外事业经营之道，无论过去、现在还是将来，都是角逐国际市场的重要法宝，我们会倍加珍惜，发扬光大。

海外发展之路总结为：

——以战略引领为前提，着力推进视野"全球化"；

——以市场布局为支撑，着力推进经营"多元化"；

——以规范管理为基础，着力推进项目"品牌化"；

——以提高效益为根本，着力推进管理"集约化"；

——以防范风险为关键，着力推进预控"体系化"；

——以本土化运作为依托，着力推进发展"属地化"；

——以人才队伍为保障，着力推进人才"国际化"；

——以党的领导为"根魂"，着力推进党建"品质化"。

"近年来，我们追求从'三分天下'到'平分秋色'的海外发展目标，通过不断优化海外经营网络、坚持属地化经营理念、提升在建项目管理水平等措施，努力打造具有品质铁建特质的国际化产业集团。"

图书在版编目（CIP）数据

典范之路：巴基斯坦卡·拉高速公路 = The Road
of Model: The KLM Motorway in Pakistan / 任少强主编
. — 北京：中国建筑工业出版社，2023.9
（"一带一路"上的中国建造丛书）
ISBN 978-7-112-29023-9

Ⅰ.①典… Ⅱ.①任… Ⅲ.①高速公路—道路工程—
对外承包—国际承包工程—工程设计—中国 Ⅳ.
① U415.1

中国国家版本馆CIP数据核字(2023)第147913号

丛书策划：咸大庆　高延伟　李　明　李　慧
责任编辑：刘平平　李　慧　李　阳
责任校对：张　颖
校对整理：赵　菲

"一带一路"上的中国建造丛书
China-built Projects along the Belt and Road

典范之路——巴基斯坦卡·拉高速公路
The Road of Model: The KLM Motorway in Pakistan
任少强　主编
*
中国建筑工业出版社出版、发行（北京海淀三里河路9号）
各地新华书店、建筑书店经销
北京海视强森文化传媒有限公司制版
临西县阅读时光印刷有限公司印刷
*
开本：787毫米×1092毫米　1/16　印张：13⅓　字数：264千字
2023年10月第一版　2023年10月第一次印刷
定价：**72.00**元
ISBN 978-7-112-29023-9
（41641）